추천의 말

매일 아침 받아보는 따뜻한 우리말 가르침

　말과 글은 우리에게 공기처럼 소중한 것입니다. 없어서는 의사소통이 되지 않는 것은 물론, 사회생활 자체가 안 될 것이기 때문입니다. 하지만 우리는 평소 공기의 소중함을 잘 못 느끼듯 말과 글의 소중함도 잘 모릅니다. 영어 공부에는 목을 매면서도 우리말과 글은 소홀히 하는 게 현실입니다. 영어는 조금만 틀려도 큰일이 난 듯 호들갑을 떨면서 우리말은 '오십시오'가 맞는지 '오십시요'가 맞는지 별 신경도 쓰지 않습니다. 또 '빠르다'와 '이르다'를 헷갈리고, '아싸리', '똔똔' 같은 일본말 찌꺼기를 무심코 쓰기도 합니다. 12년에서 많게는 16년 동안이나 국어를 배우고도 엉터리 말글살이를 하고, 그것이 잘못된 줄도 부끄러운 줄도 모른 채 살아갑니다. 그런데 더 큰 문제는 우리말과 글에 대해 물어볼 곳도 마땅치 않다는 데 있습니다. 또 책방에 가면 우리말과 글에 대한 책이 많이 나와 있지만 대부분 어렵거나 딱딱하고 지루합니다.

　이런 어려움을 한꺼번에 해결해주는 반가운 편지를 날마다 보내는 사람이 있습니다. 성제훈 박사는 국어학자도 아니고, 말글이 아닌 농업 관련 공무원으로 바쁜 나날을 보내면서도 오로지 우리말·글에 대한 남다른 사랑 하나로 이 일을 몇 해째 해오고 있습니다. 그가 보내는 편지를 보면 엄청난 내공을 쌓은 듯 보입니다. 그리고 그는 생활 속에서 흔히 만나는 말들을 예로 들고 그것도 아주 쉽게 풀이해줍니다. 이 편지들을 모아 책을 낸다 하니 겨레문화운동 특히 한글운동을 하는 저로서는 참 반갑고 고맙습니다. 많은 이들이 이 책을 가까이 두고 올바른 말글살이를 해주었으면 하는 마음 간절합니다.

_ 김영조(푸른솔겨레문화연구소 소장)

우리말과 글을 다루는 일에 몰두해온 지 열일곱 해가 지나면서, 새삼스레 책장 넘기는 손길을 무디게 하는 상념 하나가 생겼습니다. '나는 무엇을 위해 이 일을 하는가?' 생각해보니, 제가 해온 일은 우리말·글을 갈라내어 살피고 갈닦는 일, 그뿐이었습니다. 여전히 사람들은 한글 맞춤법을 어려워하고, 한자 우러르기와 미국말 붙좇기에 여념이 없습니다.

  '그렇다면 나는, 우리는 무엇을 위해 우리말·글을 연구하는가?'

  마음속의 이러한 의심을 씻어준 것은, 요즘 들어 받기 시작한 누리편지 '우리말123'입니다. '우리말123'은 많은 국어학자가 곳간에 쌓아둔 우리말·우리글의 이삭을 하나씩 털어내어, 아침마다 사람들에게 지어 올리는 쌀밥과도 같습니다. 이 쌀밥은 한글 맞춤법을 어려워하던 이들의 허기를 채워주었을 뿐만 아니라, 우리말·우리글 갈닦기가 직업인, 이른바 '전문가'들의 공허함도 채워주고 있습니다. '우리말123'이 가꿔온 말글 밭을 거둬들여 책으로 묶었으니, 이제 우리는 따뜻한 아랫목에서 스스로 허기진 배를 마음껏 채울 수 있을 것입니다.

_ 성기지(한글학회 연구원)

  '우리말 편지'가 책이 되어 세상에 나오는 일은 바쁜 도시생활 속에서 잊고 살아온 고향을 환기하는 일과 같아 보입니다. 고향은 우리의 뿌리이며 우리말이 살아 있는 보고이므로, '우리말 편지'를 통해 잊고 살아온 고향을 환기하며, 고향의 정서에 빠져들 수도 있기에 그러합니다. 물론 오랜 시간 잊고 살아온 고향의 정서가 도시의 우리에게 낯선 곳으로 느껴지기도 하듯이, '우리말 편지'도 때로는 낯선 고향의 정서로 다가오기도 합니다. 그러나 그것은 잠시일 뿐 우리말 편지는 지속적으로 우리의 근원을 환기시키는 역할을 하면서, 잃어버린 우리 과거의 생활과 생활의 즐거움 그리고 말의 즐거움을 일깨워줍니다. '우리말 편지'에는 우리말의 유머·재치·기지가 가득하며, 이를 통해 좀더 새로운 눈으로 우리의 뿌리를 바라보게 합니다.

_ 진순애(문학평론가)

  성 박사는 글을 참 잘 씁니다. 생활 주변에서 보고 느끼는 모든 것이 글감이 되고 글의 머리가 됩니다. 날마다 그의 글을 대하다 보니 성 박사란 이가 어머니에 대한 효성이 얼마나 지극한지 알게 됐고, 역시 공부하는 직업을 가진 아내와 토끼 같은 딸과 젖먹이 아들, 이렇게 네 식구가 꾸미는 단란한 가정의 자상한 가장이며, 술도 꽤 즐기는 호인임을 알게 되었습니다. 그러다 보면 자연히 그에 대한 인간적인 호감과 정이 들지 않을 수 없게 됩니다.

그 밖에도 성 박사의 글을 읽다 보면 그가 얼마나 이 겨레와 나라를 사랑하는 사람인지 알 수 있습니다. 일본 잔재를 씻어내는 일에도 늘 두 눈 부릅뜨고 있고, 더는 쓸모가 없게 됐을 때 자신의 각막이나 장기를 필요한 이들에게 주겠다는 서약을 한, 이 시대에 가장 모범이 되는 젊은이라고 감히 단언합니다.

한말글 사랑 운동을 평생 해야겠다고 일찍이 다짐했던 저도 하지 못하는 일을, 오늘도 성제훈 박사는 꾸준히 그리고 묵묵히 하고 있습니다. 정말 자랑스럽고 고맙습니다.

저는 오늘도 성 박사가 보내주는 '우리말123' 편지를 연애편지처럼 기다리고 있습니다. 그리고 이 편지가 우리 한말글을 쓰는 모든 이에게 복음처럼 받아들여지기를 바랍니다. 그리하여 저처럼 행복해지기를 비손합니다.

_ 이봉원(전국 국어운동 대학생 동문회 회장)

우리말은 세상에서 가장 과학적인 언어일 뿐 아니라, 가장 정감이 넘치는 말이기도 합니다. 그리고 가장 다양한 표현을 할 수 있는 언어죠. 예를 들어 '파란 하늘 아래 흰 구름 두둥실'이라는 글귀를 놓고 보면, 각 형용사와 부사는 여러 가지로 표현할 수 있습니다. 파란/새파란/파아란/푸른/푸르른/푸르스름한, 흰/하얀/하이얀/희끄무리한, 두둥실/둥실/두리둥실/둥실둥실……. 물론 표준어도 있고 사투리도 있지만 어떤 사물이나 현상을 이렇게 다정다감하게 표현할 수 있는 말과 글이 세상에 얼마나 있을까요?

우리는 이토록 좋은 말과 글을 얼마나 사랑하고 있을까요? 또 제대로 쓰고 있기는 한 걸까요? 오염된 도시를 떠나 높은 산, 깊은 계곡을 찾았을 때 맑고 깨끗한 공기와 물이 정말 소중하다는 것을 새삼 깨닫는 것처럼, 우리의 말과 글도 열심히 지키고 소중히 키우는 사람이 있을 때 그 훌륭함이 더욱 빛나는 것 아닐까요? 일 년 내내 땀 흘려 농사를 지은 농군이 알찬 수확을 일궈내듯이 농학박사 성제훈 님이 매일같이 보내온 '우리말123'이 마침내 책으로 출간된다니, 요즘같이 우리말 씀씀이가 오염된 시대에 더욱 빛나는, 순수하고 신선한 정수기와 공기 청정기 역할을 할 것이라고 생각합니다.

_ 백진원(KBS 기자)

"우리나라 말이 중국과 달라 서로 뜻이 통하지 않는다. (중략) 모든 사람들로 하여금 쉬이 익혀서 날마다 쓰는 데 편하게 하고자 할 따름이다." 훈민정음의 한 대목입니다. 백성에 대한 세종대왕의 사랑이 듬뿍 묻어나는 한글 창제의 이유 가운데 하나이기도 하지요. 그런데 요즘 한글은 한문과 일본말에 치인 것도 모자라 영어에까지 치이면서 제자리를 못 잡고 있습니다.

한글이 제 대접을 받지 못하는 상황에서 우리말 전도사를 자처하고 나선 성제훈 박사는 참으로 반가운 사람입니다. 농기계의 선진화를 추구하는 농촌진흥청 농업공학연구소 연구원이지만 우리말 사랑에 대해서는 어느 국어학자 못지않은 열정을 지녔습니다. 한자에 오염된 자신의 글에 대한 창피함에서 시작된 성 박사의 '우리말 편지'는 이제 날마다 3천여 명 가까이나 함께하고 있습니다.

순전히 입소문만으로 그 정도의 애독자를 확보한 성 박사의 우리말 편지는 유익하면서도 재미가 있습니다. 촌로인 어머니부터 아들딸을 키우는 일상과 관련된 얘기에서 착안해 올바른 우리말을 알려주기 때문이지요. 성 박사의 우리말 편지를 읽다 보면 '아하!' 하고 무릎을 칠 때가 한두 번이 아닙니다. 생활 속에서 자주 쓰이되 잘못 쓰이는 표현을 족집게처럼 짚어주기 때문입니다.

성제훈 님의 우리말 사랑은 외도이되 반갑고 유익한 외도입니다. 우리말 사랑을 전하는 이 책이 온 국민의 애독서가 되어 우리말·우리글이 바로 쓰이는 계기가 되기를 바라는 마음 간절합니다.

더불어 "지식은 머릿속에 재어놓는 것이 아니라 함께 나누는 것이다"라는 저자의 소박한 바람을 우리말 편지를 널리 통해 나누었으면 합니다.

_ 조기선(CBS 기자)

'우리말123', 정말 반가운 이름입니다. 날마다 맨 먼저 열어보는 누리편지입니다. 너무 일러서 아직 오지 않았을 때는 '오늘은 안 오나?' 하고 조바심마저 들 정도랍니다.

저도 우리말과 글을 제대로 알고 잘 쓰려고 애쓰는 사람입니다. 다른 사람들이 잘못 쓰는 것을 보면 언제나 바로잡아주고, 틈날 때마다 우리말을 바로 쓰자고 권하기도 하고. 때로는 지청구도 줍니다. 그런데 가끔은 저 자신도 확신할 수 없을 때가 많습니다. "이렇게 써야 하나? 아니면 저렇게?" 늘 쓰는 말이 아니라서 헷갈릴 때도 있고, 맞춤법이 바뀌어서 제가 틀리게 아는 때도 많습니다. 이럴 때 '움직이는 사전' 우리말123에 물어보면 바로 답이 옵니다.

제가 책임을 지고 있는 '한국사회조사연구소'에서는 해마다 우수 논문을 골라 '사회연구 학술상'을 주고 있습니다. 학술상이니 학문적 완성도를 보는 것은 말할 것도 없고, 우리말을 제대로 썼는지, 그리고 쉽게 써서 대중이 읽을 수 있게 썼는지 하는 것도 중요한 기준입니다.

한글은 어디에 내놓아도 자랑스러운 우리의 재산입니다. 세계 어느 글도 우리 한글처럼 과학적으로, 체계적으로 만들어진 것이 없습니다. 정보통신기술이 세계문화를 이끌어가는 정보화시대에 우리 한글은 그 가치가 더욱 빛납니다. '한글', 세계 어디서도 찾아볼 수 없는 문화유산입니다. 우리 모두 자랑스러운 우리 보물을 지키고 발전시켜나갑시다. '우리말123' 얼쑤!

_ 김순흥(한국사회조사연구소 소장)

"아들아, 무너진 탑을 세울 수 있을까? 없을까?"
"너와 동생은 생각이 다른 걸까? 틀린 걸까?"

아이들과 함께 있는 시간에 이렇게 물어보면 아이들은 조금 헷갈리지만 재미있다는 표정으로 여러 가지 생각을 내놓습니다.

그러면 저는 마치 국어 선생님이라도 된 것처럼 "그래, 무너진 건 쌓아야 하고 쓰러진 건 세우는 게 맞는 거란다. 그리고 답은 틀릴 수 있지만 서로 생각은 다른 거란다. 그러니 너무 네 주장만 내세우지 마라"라며 설명합니다.

이는 언제부터인가 바쁜 아침 시간이지만 빠뜨리지 않고 읽는 '우리말123' 덕분입니다.

저는 인터넷 모임이나 블로그를 관리해본 경험이 있어 내용이야 어떻든 하루하루 빠뜨리지 않고 글을 쓴다는 것이 얼마나 어려운 일이며, 열정 없이는 결코 오래가지 못한다는 것을 잘 알고 있습니다. 그런데 놀랍게도 '우리말123'은 하루 한 통, 어느 날은 두 통, 세 통까지도 꼬박꼬박 도착합니다. 더구나 뉴스나 생활 속에서 잘못 쓰는 우리말 사례를 찾아 누구라도 쉽게 이해하고 바르게 쓰도록 설명하고, 가끔은 우리 꽃과 나무 그리고 농사와 생활 속 이야기를 구수하게 담아 보내는 일은 정말 쉬운 일이 아니지요.

앞으로 더 많은 사람이 '우리말123'을 읽어 우리말의 깊은 뜻과 한글의 소중함을 알고 바르게 쓰고자 하는 마음이 널리 퍼지길 간절히 바랍니다.

_ 김영석(한글문화연대 운영위원)

"여보세요, 아나운서 국장님이세요?"
"네, 그렇습니다만······."
"아니, 아나운서가 말을 그렇게 하면 어떡합니까?"
"무슨 말씀이신지······."
"지금 라디오에서 방송하는 여자 아나운서가 '너무'를 너무 많이 쓰고 있으니까 들어보십시오."

그 전화를 받고는 바로 라디오에 귀를 기울이고 들어보니, 아닌 게 아니라 방송 진행자가 '너무'를 너무 많이 쓰고 있었습니다. 다행히(?) "너무 너무 고맙다"를 연발하는 그 진행자는 아나운서가 아니었지요.

저는 위와 같은 상황을 꽤 자주 겪습니다. 그럼에도 아직까지 책으로 써낼 생각은 엄두도 내지 못했습니다. 솔직히 내공을 쌓지 않았기 때문이지요. 그래서 성제훈 박사가 더욱 돋보입니다.

이 책 속에는 24년째 우리말을 밥 먹는 수단으로 삼아온 저도 모르는 아름다운 말이 수두룩합니다.

아름답고 풍부한 어휘로 우리말을 더욱 멋지게 하고 싶은 사람들은 책상 위에 국어사전과 함께 반드시 이 책을 준비해놓을 일입니다.

_ 성경환(MBC 아나운서국 국장)

아침에 사무실 책상에 앉으면 제일 먼저 살피는 일이 '우리말 편지'입니다. 기라성〈대단한, 짜집기〈짜깁기, 시합〈겨루기, 다대기〈다진 양념, 허접 쓰레기〈허섭스레기, 연루되다〈버물다······.

사전 속에만 묻혀 있는 우리말을 널리 알리고 같이 쓰려는 성 박사의 노력에 힘입어 방송 일을 하는 저도 아름다운 우리말에 한발 더 가까이 다가서게 됐습니다. 성 박사의 우리말 편지를 방송으로 소개하려는 계획을 세우던 마당에 책으로 펴낸다는 전화를 받고 매우 기뻤습니다. 이 책은 직장이나 집에서 우리말을 정확하게 쓸 수 있는 지침서로 삼기에 부족함이 없습니다.

무엇보다 이 책이 인터넷 신조어에 익숙한 청소년들에게 과학적이고 창조적인 우리말·우리글을 쉽게 이해하고 폭넓게 쓸 수 있는 길라잡이가 되길 마음 깊이 기원합니다. 더욱이 이 책의 판매 수익금 가운데 글쓴이 몫을 모두 사회복지공동모금회의 성금으로 쓴다고 하니 출판의 뜻이 더 빛나겠습니다.

_ 최진수(목포 MBC 기자)

성제훈의
우리말 편지

성제훈의 우리말 편지 1

2006년 12월 20일 초판 1쇄 찍음
2007년 1월 15일 초판 1쇄 펴냄

지은이 | 성제훈

펴낸이 | 정종주
주   간 | 최연희
기획편집 | 소은주 · 박지현
마케팅 | 김창덕

펴낸곳 | 도서출판 뿌리와이파리
등록번호 | 제10-2201호(2001년 8월 21일)
주소 | 서울시 마포구 서교동 451-48 2층
전화 | 02)324-2142~3
전송 | 02)324-2150
전자우편 | puripari@hanmail.net
누리집 | www.puripari.net

디자인 | 이석운 · 배현정
종이 | 화인페이퍼
인쇄 · 제본 | 영신사
라미네이팅 | 금성산업

ⓒ 성제훈, 2007.

값 9,800원
ISBN 89-90024-62-5 (04710)
       89-90024-61-7 (세트)

※ 이 도서의 국립중앙도서관 출판시도서목록(CIP)은 e-CIP 홈페이지
   (http://www.nl.go.kr/cip.php)에서 이용하실 수 있습니다.(CIP제어번호: CIP2006002720)

이 책의 판매수익금 가운데 글쓴이의 몫은 모두 사회복지공동모금회의 성금으로 전달되어 우리 사회 구석구석을 좀더 따뜻하게 하는 일에 쓰입니다.

성제훈의 우리말 편지 ①

성제훈 지음

뿌리와 이파리

지은이의 말

"어차피 말은 살아 있는 거니까, 이렇게 쓰나 저렇게 쓰나 뜻만 통하면 되는 거 아니야?"

"이 바쁜 세상에 굳이 복잡한 맞춤법을 따져가며 글을 써야 해?"

"소주보다는 쐬주를 마셔야 기분이 나고, 자장면보다는 짜장면을 먹어야 개운하지 않아?"

"맞춤법 따지지 않고 말해도 너, 내 말 다 알아듣잖아. 안 그래?"

"너는 언어의 사회성도 모르냐? 사람들이 많이 쓰면 표준어가 되는 것이지 꼭 사전에 있는 말만 써야 한다는 법 있어? 넌 그런 말만 쓰고 살아?"

제가 가끔 듣는 말입니다. 이럴 때 제가 하는 말은 거의 같습니다.

"맞다. 말은 살아 있다. 그래서 강남에서 온 콩이 '강남콩'이 아니라 '강낭콩'이다. 이렇게 많은 사람이 쉽게 발음하도록 낱말이 변하는 것은 맞다. 그러나 어떤 경우에도 변할 수 없는 게 있다. 바로, 다르다와 틀리다. 이것과 저것은 다른 것이지 틀린 것이 아니지 않나. 하늘이 두 쪽 나도 이것과 저것은 다른 것이지 틀린 게 아니다."

"언어의 사회성을 들먹였으니, 그것도 한마디 하자. 언어는 사회성만 있는 게 아니라 그 민족의 정체성도 담고 있다. 일제강점기 때 일본 놈들이 맨 먼저 시작한 게 뭐였나? 바로 우리말을 쓰지 못하게 한 것이다. 말이 더러워지면 그 민족성이 더러워지고, 말이 없어지면 곧 그 민족도 없어진다. 그래서 아름다운 우리말을 곱게 갈고 닦아야 한다."

이런 제게는 병이 하나 있습니다. 한 5년쯤 전에 걸린 것 같은데 이 녀석은 시도 때도 없이 도집니다.

책이나 텔레비전을 볼 때도 도지고, 친구들과 이야기할 때도 도지고, 술을 먹을 때조차도 도집니다. 증상이 조금씩 다르긴 하지만 어찌 보면 한 가지 증상입니다.

이 병이 무서운(?) 것은 그 전염성 때문입니다. 전염성이 강해 제 아내도 걸렸고, 저와 같이 일하는 사람들도 많이 옮았습니다. 이제는 네 살배기 제 딸내미에게까지…….

제 병의 증상은 이렇습니다.

책을 읽을 때, "침전에 드는 발자국 소리를 들으며"라는 월을 읽으면, 발자국은 소리가 나지 않는데……, '발자국 소리'가 아니라 '발걸음 소리'인데…… 하는 생각이 절로 듭니다.

또 "땅바닥에 뭔가를 끄적거렸다"라는 월을 읽으면, 끄적거리는 게 아니라 끼적거리는 건데 하고, "누룽지를 후루룩 마셨다"라는 월을 보면, 누룽지는 딱딱해서 후루룩 마실 수 없는데…… 눌은밥을 후루룩 마신 거겠지 합니다.

이렇게 책을 읽을 때 내용은 뒷전이고, 맞춤법 틀린 곳만 눈에 확 들어옵니다. 저는 내용에 푹 빠지고 싶은데 그렇게 되지 않습니다.

텔레비전 볼 때는 자막 틀린 게 눈에 확 들어오고, 술 마실 때는 술

병 상표에 턱하니 붙어 있는 틀린 글자가 눈에 확 들어옵니다.
도대체 이게 무슨 병일까요?

이 책은 거의 날마다 전자우편으로 보내는 '우리말 편지—우리말 123'을 모아놓은 것입니다. 제가 우리말이나 국어 지식이 많아 '우리말 편지'를 보내는 게 아니라, 이런저런 책을 보고 공부하면서 배운 것을 그날그날 보내는 것입니다. 따라서 제가 '우리말 편지'를 쓰고 그 안에 들어 있는 상황도 저의 생활이지만, 그 안에 든 지식은 저만의 것이 아닙니다. 게다가 글을 풀면서 든 보기는 거의 다 국립국어원 『표준국어대사전』에서 따온 것입니다.

저는 하루에 우리말 한 꼭지씩을 제 삶과 버무려 '우리말 편지'로 보냅니다. 그 편지는 1분 안에 읽을 수 있을 정도로 짧습니다. 그 까닭은 제가 가진 글쓰기 깜냥이 제가 아는 모든 내용을 글로 표현할 만큼 충분하지 않고, 그에 앞서 여러 상황을 글로 풀어낼 만큼 우리말을 잘 알지도 못하기 때문입니다. 저 스스로 굴퉁이임을 드러내고자 하는 것이 아니요, 어쭙잖은 지식 나부랭이를 자랑하려는 것은 더더욱 아닙니다. 다만, 제가 아는 만큼, 제가 할 수 있는 만큼 우리말을 알리는 데 온 힘을 기울이고자 하는 것뿐입니다. 그렇다고 해서 아름다운 우리말을 잘 골라 써서 같은 내용이라도 다좇치고 죄어치는 기술을 부리지도 못했습니다. 글자 하나하나를 쪼아 새기듯 읽기 쉬운 월을 만들지도 못했음을 더불어서 반성합니다.

누군가 "지식은 머릿속에 차곡차곡 재놓은 앎이 아니라, 이웃과 함께 나눌 수 있는 만남"이라 했습니다. 그 만남을 즐기고자 날마다 '우리말 편지'를 쓰고, 그 기쁨을 흔적으로 남기고자 이렇게 책으로 내게 되었습니다.

　제가 만든 지식도 아니고, 그저 책에서 보고 배운 내용을 제 삶에 버무렸을 뿐인 '우리말 편지'를 선뜻 책으로 내겠다고 생각하신 뿌리와이파리에 진심으로 감사드립니다. 사회복지공동모금회에도 고마움을 전합니다.

　무엇보다도 '우리말 편지'를 공짜로 보내주는 오즈메일러라는 전자우편 발송회사에 큰 고마움을 전합니다. 그 회사가 있기에 날마다 수천 명에게 '우리말123'을 보낼 수 있었고, 그 편지를 모아 이렇게 책으로 엮을 수 있었습니다.

　끝으로 어려운 길을 잘 찾아온 딸 지안이와 아들 원준, 삶의 안식처인 아내 조현아에게 이 책을 선물합니다.

2006년 마지막 달에
성제훈

차례

추천의 말 1
지은이의 말 10

봄

알타리김치가 아니라 총각김치 18 | 내로라/내노라 20 | 한글 글자 수 22 | 여기 다대기 좀 주세요! 25 | 굽실대다/굽신대다 27 | 임신부/임산부 29 | 누룽지/눌은밥 31 | 틀리다/다르다 33 | 자귀나무 35 | 가정난/가정란 37 | 기다리던 너의 아파트 39 | 봄 내음/봄 향기 41 | 야채/푸성귀 43 | 능력개발/능력계발 45 | 불초소생 47 | 주책없다/주책이다 49 | 놀라다/놀래다 51 | 바람 불고, 바람 맞고, 바람피우고, 그런 걸 바란 게 아닌데⋯⋯ 53 | 있으므로/있음으로 55 | 반나절은 몇 시간? 57 | 차돌배기/차돌바기/차돌박이/차돌빼기? 59 | "이런 칠칠맞은 녀석아!" 61 | '더 이상' 이 아니라 그냥 '더' 63 | 저 꽃 진짜 이쁘다! 65 | 라면이 불기 전에 빨리 먹자고? 67 | 일가견보다는 한가락이 낫다 70 | 부모님께 안갚음을 73 | 밀리다/막히다 74 | 진자리 마른자리 갈아 뉘시고 76 | 윤중로 벚꽃 축제 78 | 오구탕 81 | 거시기 82 | 봉우리/봉오리 84 | 촌지 86 | 녹차 한 잔 드세요 88 | 비거스렁이 90 | 고양꽃박람회 직진 200M? 92 | 달갑지 않은/않는 비 94 | 겹말 96 | 능소화의 전설 98 | 위하여, 대하여, 인하여, 통하여 101 | 궁색한/군색한 변명 103 | 부장님! 과장 없는데요 105 | 그리고 나서/그러고 나서 108 | 컷/커트 110 | -에 다름 아니다 112 | 띄다/띠다 114 | 분향소/빈소 116 | 사이시옷 118 | 어처구니가 없다 126

여름

손톱깎이/손톱깎기 · 130 | 배추 뿌리/배추꼬랑이 · 132 | 우뢰/우레 · 134 | 하늘을 나르는 슈퍼맨? · 136 | 떡어쓰기 · 138 | 고소하고 담백하다? · 141 | 노현정 아나운서 시집간대? · 143 | 시합이 아니라 겨루기 · 146 | 세 번째 의뢰인 · 148 | 사랑할까요? 사랑할게요! · 151 | 장본인 · 152 | 금 서 돈 · 155 | 저 오늘 구설수가 끼었다네요 · 158 | 현해탄을 건너다 · 160 | 서더리탕/서덜이탕/서덜탕 · 163 | 스승 사(師), 선비 사(士), 일 사(事) · 165 | 남사스럽다/남세스럽다 · 168 | 지금부터 8년간 · 170 | 개고기 수육 · 172 | 작다/적다 · 174 | 호도과자/호두과자 · 176 | 조식/중식/석식 · 178 | 숫놈들은 왜 바람을 피울까 · 180 | 추켜세우다/치켜세우다 · 182 | 두리뭉술/두루뭉술/두루뭉수리 · 184 | 향년 82세 · 186 | 맨숭맨숭/맹숭맹숭/맨송맨송 · 188 | 운명을 달리하다/유명을 달리하다 · 190 | 집들이/집알이 · 191 | 광어보다는 넙치가 좋다 · 193 | 뒤치닥거리/뒤치다꺼리 · 196 | 어리숙하다/어수룩하다 · 198 | 곡차 · 200 | 미꾸리/미꾸라지 · 204 | 벼농사 · 206 | 반딧불/반딧불이 · 210 | 격무가 아닌 고된 일 · 214 | 금/줄/선 · 217 | 세간살이/세간/세간붙이/살림/살림살이 · 219 | 삐지다/삐치다 · 221 | 하루가 너무 [짤때] · 223 | 기라성 같은 사람? · 226 | 전기세/전기요금 · 229 | 저는 바사기입니다 · 231 | 보신탕/개장국 · 236 | 엎어지다/자빠지다/넘어지다/쓰러지다 · 238 | 몹쓸/못쓸/못 쓸 · 240 | 비를 멈춰주세요 · 242 | 애들은 어릴 때부터 잘 가르쳐야 · 244 | 매조지하다/매조지다 · 246 | 간유리/유백유리/젖빛유리 · 248 | 고추나무/고춧대 · 250 | 깍듯한/깎듯한 · 252 | 물쿠다 · 254 | 자리끼/밤잔물 · 256 | 서울특별시청 현관에 있는 비밀 (1) · 258 | 서울특별시청 현관에 있는 비밀 (2) · 259

애독자들의 말 · 260

성제훈의 우리말 편지 1부

알타리김치가 아니라 총각김치 | 내로라/내노라 | 한글 글자 수 | 여기 다대기 좀 주세요! | 굽실대다/굽신대다 | 임신부/임산부 | 초소생 | 주책없다/주책이다 | 놀라다/놀래다 | 바람 불고, 바람 맞고, 바람피우고, 그런 걸 바란 게 아닌데…… | 있으므로/있음으 라면이 붇기 전에 빨리 먹자고? | 일가견보다는 한가락이 낫다 | 부모님께 안갚음을 | 밀리다/막히다 | 진자리 마른자리 갈아 뉘 않는 비 | 겹말 | 능소화의 전설 | 위하여, 대하여, 인하여, 통하여 | 궁색한/군색한 변명 | 부장님! 과장 없는데요 | 그리고 나서/그

봄

| 틀리다/다르다 | 자귀나무 | 가정난/가정란 | 기다리던 너의 아파트 | 봄 내음/봄 향기 | 야채/푸성귀 | 능력개발/능력계발 | 불 몇 시간? | 차돌배기/차돌바기/차돌박이/차돌빼기? | "이런 칠칠맞은 녀석아!" | '더 이상' 이 아니라 그냥 '더' | 저 꽃 진짜 이쁘다 | 벚꽃 축제 | 오구탕 | 거시기 | 봉우리/봉오리 | 존지 | 녹차 한 잔 드세요 | 비거스렁이 | 고양꽃박람회 직진 200M? | 달갑지 않은 /키트 | -에 다름 아니다 | 띄다/띠다 | 분향소/빈소 | 사이시옷 | 어처구니가 없다

알타리김치가 아니라 총각김치

어제 어머니가 시장에 가셔서 무를 사다가 김치를 담그셨네요.

오늘 아침 밥상머리에서 어머니께서 "어제 시장에 갔더니 알타리무가 튼실해서 몇 개 사다가 김치를 담갔다. 부드럽고 좋으니 많이 먹어라"라고 말씀하시더군요.

먹어보니 정말 맛있었습니다.

며칠 동안은 그걸로 밥 좀 먹게 생겼습니다.

알타리무 아시죠? 무는 무인데, 무가 그렇게 크지 않고 중간쯤까지는 가늘다 밑으로 내려갈수록 갑자기 둥그렇게 커진 무 있잖아요. 그걸로 김치를 담그면 알타리김치라고 하는데요.

실은 알타리무나 알타리김치는 사투리입니다.

표준말은 총각무와 총각김치입니다.

"굵기가 손가락만 한 또는 그보다 조금 큰 어린 무를 무청째로 여러 가지 양념을 하여 버무려 담근 김치"가 바로 '총각김치'입니다.

여기에 쓴 총각은 한자어로 '總角'입니다.

1988년에 표준어 규정을 개정하면서 순 우리말인 '알무'나 '알타리무'가 별로 쓰이지 않는다며, 한자어인 '총각무'를 표준어로 정했습니다. 안타까운 일이죠. 그래서 지금은 총각무가 표준어입니다.

　옛 총각들은 장가를 가기 전엔 머리를 뒤로 묶어 늘어뜨렸는데, 그렇게 머리를 양쪽으로 갈라 뿔 모양으로 동여맨 머리를 '총각'이라 했다고 합니다. 그런 머리를 한 사람은 대개가 장가가기 전의 남자라서 "결혼하지 않은 성년 남자"를 총각이라고 했고, 그 머리 모양을 닮은 "무청째로 김치를 담그는, 뿌리가 잔 어린 무"를 총각무라고 한다는군요. 두말할 것 없이 그 무로 담근 김치가 총각김치죠.

　총각김치와 함께 '홀아비김치'라는 것도 있습니다.
　"무나 배추 한 가지로만 담근 김치"를 뜻하는 어엿한 표준어입니다.

　벌써 입맛이 돌죠?
　오늘도 좋은 음식 맛있게 많이 드세요.
　그게 다 저 같은 농사꾼 덕입니다.

내로라/내노라

표준말의 정의가 뭐라는 말씀을 드렸던가요?

표준말은, 한 나라에서 공용어로 쓰는 규범으로서의 언어와 의사소통의 불편을 덜기 위하여 전 국민이 공통적으로 쓸 공용어의 자격을 부여받은 말로, 우리나라에서는 교양 있는 사람들이 두루 쓰는 현대 서울말로 정함을 원칙으로 합니다. 따라서 표준말을 하지 못하는 사람은, 지위가 높건 낮건, 돈이 많건 적건, 잘생겼건 못생겼건 교양 있는 사람이 아닙니다.

저는 아침에 일어나자마자 습관적으로 텔레비전을 켜고 여기저기 옮겨 다니면서 뉴스를 보는데요. 사건을 보는 시각을 비교하거나, 같은 내용이라도 설명하는 방법을 비교하는 재미가 쏠쏠합니다. KBS와 SBS는 다른 나라 소식을 전할 때, 해외뉴스라고 합니다. 그러나 MBC는 나라밖 소식이라고 합니다. 당연히 그렇게 말해야 하는데……. 얼마나 좋아요. 나라밖 소식! 해외라는 말은 일본말 찌꺼기로, 일본에서 봤을 때야 바다 밖이니까 해외지, 우리가 보면 해외가 아니잖아요. 그냥 우리나라가 아닌 다른 나라고, 외국이지…….

어쨌든 MBC에서 나라밖 소식이라고 하는 것은 참 좋습니다.

그런데 아침에 독일 특파원이 그 좋은 감정에 찬물을 확 끼얹더군요. 무슨 긴 빵인가를 설명하면서, 독일에서 '내노라' 하는 사람들이 다 참여하여 만든 빵이라고 호들갑을 떨지 않겠어요.

'내노라……'

뭘 내놓으라는 소린지…….

오늘은 그 '내노라' 이야기 좀 할게요.

'-노라'는 움직임·행동을 나타내는 말 뒤에 씁니다.

'스스로 잘했노라 뽐내지 마라/열심히 하겠노라 말했습니다' 따위의 경우에 쓰이는 말입니다.

한편 '-로라'는 말하는 이가 자신의 동작을 의식적으로 쳐들어 말할 때 쓰는 말입니다.

예를 들면, '내로라하는 사람들은 그 회의에 모두 참석했습니다/내로라 우쭐거린다고 알아줄 사람은 없습니다' 처럼 쓰죠.

내로라하는 사람들이, 말끝마다 영어나 일어 낱말을 섞어 쓰는 것을 보면 정말 안타깝기 그지없습니다.

오늘부터 출장 갑니다. 금요일까지 부산, 대전, 익산을 다녀올 예정입니다.

출장 기간 동안 제가 공부하고 연구하는 분야에서 내로라하는 분들을 많이 만나고 오겠습니다. 🍀

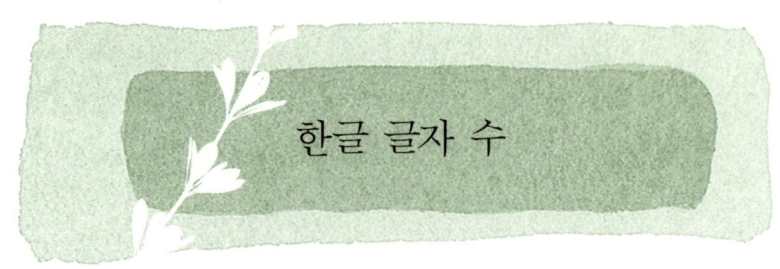

한글 글자 수

오늘은 아주 기본적인 상식 하나 짚고 넘어가겠습니다.

우리가 쓰는 한글 글자 수는 모두 몇 자일까요?

잘 아시는 바와 같이 한글은 14자의 자음과 10자의 모음 조합으로 이루어지는데, 자음+모음 또는 자음+모음+자음의 두 가지 경우로 글자를 만듭니다. 당연히 복자음, 복모음이 가능하고요. 이런 원칙에 따라 한글을 만들 때 모두 몇 자나 만들 수 있을까요?

총 11,172자를 만들 수 있습니다. 그렇게나 많으냐고요?

자, 한번 볼까요?

기본자음(14): ㄱ, ㄴ, ㄷ, ㄹ, ㅁ, ㅂ, ㅅ, ㅇ, ㅈ, ㅊ, ㅋ, ㅌ, ㅍ, ㅎ

기본모음(10): ㅏ, ㅑ, ㅓ, ㅕ, ㅗ, ㅛ, ㅜ, ㅠ, ㅡ, ㅣ

쌍자음(5): ㄲ, ㄸ, ㅃ, ㅆ, ㅉ

복자음(11): ㄳ, ㄵ, ㄶ, ㄺ, ㄻ, ㄼ, ㄽ, ㄾ, ㄿ, ㅀ, ㅄ

복모음(11): ㅐ, ㅒ, ㅔ, ㅖ, ㅘ, ㅙ, ㅚ, ㅝ, ㅞ, ㅟ, ㅢ

기본자음과 기본모음은 아실 것이고, 쌍자음은 글자의 초성에 오는 자음입니다.

예를 들면, ㄲ, ㄸ, ㅃ, ㅆ, ㅉ에 오는 자음이죠.

복자음은 글자의 종성에 오는 자음으로, 없다, 읽다, 읊조리다 등에 오는 자음이죠. 복모음은 모음 두 개가 겹친 것이고요.

그럼 이제 계산을 해볼까요?

한글이 '초성+중성' 또는 '초성+중성+종성'으로만 구성된다고 했죠?

초성에 올 수 있는 자음은 기본자음 14개+쌍자음 5개 해서 19개가 되고, 중성에 올 수 있는 모음은 기본모음 10개+복모음 11개 해서 21개가 되며, 종성에 올 수 있는 자음은 기본자음 14개+쌍자음 2개(ㄲ, ㅆ[이 두 개만 쌍자음이면서 복자음 자리에 올 수 있습니다. 곧, '었다' 같은 자가 되겠죠])+복자음 11개, 해서 총 27개가 됩니다.

그럼 이제 계산은 간단하죠.

한글이 '초성+중성' 또는 '초성+중성+종성'으로만 구성된다고 했으므로, 계산해보면 이렇습니다.

초성+중성 → 19×21=399

초성+중성+종성 → 19×21×27=10,773

이 두 개를 더하면, 11,172개가 되지요.

보기만 해도 지겨운 숫자가 나오니까 더 보기 싫으신가요?

우리 한글은 우리가 말로 하는 모든 소리를 표현할 수 있다고 합니다. 이 정도면 세계 어디에 내놓아도 자랑스럽겠죠?

꼭 외워둡시다. 우리 한글은 모두 11,172자다~~~~~~~~!

덤 | 넋두리

여러분, 인류가 만든 문자 중 만든 사람과 만든 날, 그리고 만든 동기와 원리가 밝혀진 유일한 글자가 뭔지 아세요? 바로 한글입니다.

'훈민정음'은 국보 제70호로 지정되어 있고, 한글은 1997년 10월 유네스코 세계기록유산으로 등록되었습니다. 유네스코에서는 문맹퇴치에 공헌한 사람들에게 상을 주는데, 그 상의 이름이 바로 '세종대왕상'이랍니다.

소설 『대지』를 쓴 미국의 유명한 여류작가 펄벅은 한글이 전 세계에서 가장 훌륭한 글자라고 했습니다.

레어드 다이어먼드라는 학자는 미국의 유명한 과학전문지 『디스커버리』에 쓴 글에서, '한국에서 쓰는 한글은 독창성이 있고 기호 배합 등 효율 면에서 특히 돋보이는, 세계에서 가장 합리적인 문자'라고 극찬한 바 있습니다(출처: 조선일보).

얼마 전에 나온 한글을 다룬 소설, 『뿌리 깊은 나무』를 쓴 소설가 이정명 씨는 "한글이야말로 정보화, 디지털화에 가장 적합한 글자"라고 말했습니다.

프랑스는 1994년 소비재의 제품 판매 광고 사용법 규격 등에 프랑스어 사용을 의무화했습니다. 그 이듬해에는, 한 시민이 월트 디즈니 가게에 있는 5천 개 장난감 가운데 7개가 프랑스어 상표가 없다고 고발했죠(출처: 세계일보). 프랑스인들의 국어에 대한 사랑이 이 정도입니다. 우리는 어떤가요?

중국은 중국어를 배우는 외국인의 수를 2010년까지 1억 명으로 늘리고자 중국어 세계화 프로젝트를 추진 중입니다(출처: 반크).

우리는 과연 어떤가요?

여기 다대기 좀 주세요!

벌써 경칩이네요. 개구리가 나오다가 하얀 눈을 보고 다시 들어가 버리지나 않을지.

어제는 싱그러운 봄을 맞아 입맛을 돋우고자('돋구고자'가 아닙니다) 도가니탕을 먹으러 갔습니다. 소 무릎의 종지뼈와 거기에 붙은 고깃덩이로 탕을 끓인 게 도가니탕인데요. 하얀 국물이 일품이죠.

도가니탕을 먹을 때는 밑반찬이 많지 않아도 됩니다. 그냥 깍두기 하나면 되죠. 그러나 그 옆에 꼭 '다진 양념'이 있어야 합니다. 그 다진 양념을 지금도 '다대기'라고 하는 분이 많습니다.

'다대기'는 일본어에서 온 말입니다.

일본 양념의 하나로, 끓는 간장이나 소금물에 마늘, 생강 따위를 다져 넣고 고춧가루를 뿌려 끓인 다음 기름을 쳐서 볶은 것으로, 얼큰한 맛을 낼 때 씁니다.

이 '다대기'를 국립국어원에서 '다짐', '다진 양념'으로 바꿔 쓰도록 한 적이 있는데요. 이것도 좀 이상합니다. '다짐'은 "누르거나 밟거나 쳐서 단단하게 하다"라는 뜻의 '다지다'의 이름씨(명사)이기도 하지만, 보통은 "마음이나 뜻을 굳게 가다듬어 정함"을 뜻하기 때문입니다.

일본어투 말을 다듬을 때는 좀더 고민을 깊이 해야 하는데…….

일본어에서 온 '다대기'에 해당하는 좋은 우리말이 버젓이 있습니다. '다지기'가 바로 그겁니다.

"고기, 채소, 양념감 따위를 여러 번 칼질하여 잘게 만드는 일"을 말하기도 하고, "파, 고추, 마늘 따위를 함께 섞어 다진 양념"을 말하기도 합니다. '설렁탕에 다지기를 풀다'처럼 활용하면 되죠.

좋은 우리말을 두고 왜 억지로 순화용어를 만드는지 모르겠어요.

일본말 다대기를 대신할 말을 찾으면서, 순 우리말인 '다지기'를 버리고 '다짐', '다진 양념'을 쓰라고 하는 멍청한 짓이 어디 있을까요?

굽실대다/굽신대다

어제 인터넷 뉴스에 '당돌한 직장후배 대처방법'이라는 꼭지의 글이 있더군요. 예전에는 무조건 아랫사람이 윗사람에게 굽실거렸는데 지금은 그게 아닌가 봅니다. 오히려 윗사람이 아랫사람 눈치를 봐야 한다니…….

항상 굽실거리라는 것은 아니지만, 그래도 예의를 갖추는 것은 중요한데 말이지요.

굽실거리다와 굽신거리다, 어떤 게 맞죠?
몸[身]을 구부리는 것이니까 '굽신'이 맞겠죠?

아니오.
대한민국 국어사전에 '굽신'이라는 단어는 없습니다.
"고개나 허리를 자꾸 가볍게 구푸렸다 펴다"나 "남의 비위를 맞추느라고 자꾸 비굴하게 행동하다"라는 뜻의 낱말은 '굽신'이 아니라 '굽실'입니다. '굽실거리다, 굽실대다'처럼 쓰죠.

내친김에, '곱실'이라는 말 들어보셨어요? '굽실'이 아니라 '곱실'. 또 '꼽실'은요?

굽실, 곱실, 꼽실 모두 같은 뜻입니다.

다만, 꼽실은 곱실에 견줘 센 느낌이 있습니다. 그러면 꼽실보다 더 센 느낌의 말을 하려면 어떻게 하면 될까요? 설마 꼽실꼽실?

맞습니다.

꼽실꼽실, 곱실곱실, 굽실굽실 모두 국어사전에 올라 있는 낱말입니다.

한 번 쓸 때보다 더 센 느낌으로 말하고 싶을 때 쓰시면 됩니다.

남의 비위를 맞추느라고 좀스럽고 비굴하게 곱실거릴 필요는 없지만, 윗사람을 보자마자 먼저 꼽실 인사를 하는 것은 좋은 일입니다. ●

◆ 보태기

"고개나 허리를 자꾸 가볍게 구푸렸다 펴다"에서 '구푸리다'는 "몸을 앞으로 구부리다"라는 뜻입니다. '구부리다'는 "한쪽으로 구붓하게 굽히다"라는 뜻이고, '구붓하다'는 "약간 굽은 듯하다"라는 뜻입니다.

임신부/임산부

혹시 담배 피우세요? 저는 조금 전에도 출근하자마자 습관적으로 그 탁한 공기를 목구멍 속으로 꾸역꾸역 밀어 넣고 왔습니다. 끊긴 끊어야 하는데…….

담뱃갑에 보면 경고 문구가 있죠.
"흡연은 폐암 등 각종 질병의 원인이 되며, 특히 임신부와 청소년의 건강에 해롭습니다."
여기서 예전과 다른 낱말이 하나 있습니다. 몇 년 전에는 '임산부'라고 썼는데 요즘은 '임신부'라고 씁니다. 왜 그렇게 바꿨을까요?

임산부는 임부와 산부를 합친 말로 애를 밴 사람과 애를 갓 낳은 사람을 동시에 일컫는 말입니다. 근데 담뱃갑에 있는 경고 문구는 애 밴 여자가 담배를 피우면 자신뿐 아니라 태아에게도 해롭다는 뜻으로 넣은 것이므로, 임부는 해당되지만 산부에게는 해당이 안 되겠죠. 왜냐면, 산부는 이미 애를 낳아서 뱃속에 애가 없으니까요. 그래서 몇 년 전부터 '임산부'라고 안 쓰고 '임신부'라고 씁니다.

약 사용설명서에도 '임산부'와 '임신부'를 정확하게 구별해서 씁니다. 당연한 소리지만…….

'임신부' 하니까 또 다른 게 생각나네요.
흔히 임신한 사람을 보고, "홀몸도 아닌데 조심하세요"라고 말합니다. 그런데 여기 홀몸이 잘못 쓰였습니다.

홀몸은 부모형제가 없는 고아나 아직 결혼하지 않은 사람을 말합니다. 곧, '홀'은 '짝'에 대립해 '홀아비', '홀시어미' 따위로 쓰죠.
'사고로 아내를 잃고 홀몸이 되었다'처럼 씁니다.
따라서 임신한 여자를 보고, "홀몸도 아닌데……"라고 하면 결혼도 하기 전에 애를 밴 영 거시기한 사람이라는 말이 돼버립니다.
홀몸과 헷갈리는 말로 '홑몸'이 있습니다.
'홑'은 '겹'에 대립하는 말로, 딸린 사람이 없는 혼자의 몸이나, 결혼한 후 아직 아기를 갖지 않은 몸을 말합니다.
따라서 임신한 사람에게는 "홑몸도 아닌데 조심하세요"라고 '홑몸'을 써야 합니다.

제가 오늘 왜 이렇게 애 밴 사람 이야기를 주절거리며 너스레를 떠냐고요?
실은 제 아내가 둘째를 뱄거든요.
'임신부'가 되고 '홑몸이 아닌 상태'가 된 거죠.
이번에는 눈물 콧물 별로 안 흘리고 잘 만들었어요.

누룽지/눌은밥

휴일 잘 보내셨나요?

저는 오랜만에 강화도에 다녀왔습니다.

섬을 한 바퀴 돌고, 붕어찜을 맛있게 한다는 집에서 점심을 먹고 돌아왔습니다. 다른 두 가족과 함께 갔는데요. 붕어찜이 정말 일품이더군요.

붕어찜을 다 먹고 나서, 같이 간 동료 한 명이 "아줌마! 이제 여기 누룽지 주세요!"라고 소리쳤더니 그 식당에서 일하는 조선족 아주머니가 오셔서 이렇게 묻더군요.

"누룽지 드릴까요, 눌은밥을 드릴까요?"

헉!

저는 그 순간 망치로 뒤통수를 몇 대 얻어맞은 느낌이었어요. 우리나라 사람들도 헷갈려서 대충 쓰는 '누룽지'와 '눌은밥'을 조선족 아주머니는 정확하게 구별하고 있더군요.

누룽지는 "솥 바닥에 눌어붙은 밥"으로 딱딱하게 굳은 것을 말하고, 눌은밥은 "솥 바닥에 눌어붙은 밥에 물을 부어 불려서 긁은 밥"을 말합니다.

따라서 저와 같이 식당에 간 친구는 "누룽지 주세요!"라고 말하는 대신 "눌은밥 주세요!"라고 말해야 옳았습니다. 그 친구가 원하는 것은 붕어찜을 다 먹고 난 뒤에, 입가심으로 먹을 구수한 국물이 있는 '눌은밥'을 달라는 말을 하고 싶었기 때문이죠.

실은 저도 식당에 가서, '누룽지'를 달라고 하는 경우가 가끔 있습니다. 그 말이 제 입에서 떠나는 순간 '아차! 눌은밥인데……' 하면서 제 '주둥이'를 한 대 치죠. 그때의 제 입은 입이 아니라 주둥이입니다.

그나저나 강화도 붕어찜, 정말 맛있더군요.

틀리다/다르다

주말 잘 쉬셨나요? 저는 오랜만에 양재 꽃시장에 다녀왔습니다.
애와 함께 봄기운을 맘껏 들이켰고, 간 김에 수선화도 하나 사왔습니다.

난을 선물할 일이 있어 꽃집에 들러서 이것저것 가격을 좀 물어봤습니다.
"이거 얼마죠?"
"10만 원입니다."
"그럼 이건 얼마죠?"
"그건 15만 원입니다."
"어! 같아 보이는데 왜 값은 달라요?"
"같다뇨! 틀립니다. 이건 꽃대가 세 개고 저건 다섯 개고……."

어제 꽃집 주인과 나눈 대화입니다. 이것저것 물어보는데도, 꽃집 주인은 꼭 이것과 저것은 '틀리다'면서 가격 차이의 정당성을 강조하더군요. 그 말이 참 거슬렸습니다.

이것과 저것은 틀린 게 아니라 다른 건데……. '틀리다' 는 "셈이나 사실 따위가 그르게 되거나 어긋나다"라는 뜻이고, '다르다' 는 "비교가 되는 두 대상이 서로 같지 아니하다"라는 뜻입니다.

따라서 꽃집 주인은 "이 꽃과 저 꽃은 틀립니다"라고 하면 안 되고, "이 꽃과 저 꽃은 다릅니다"라고 해야 합니다.

오늘 아침에, 소장님께서 저를 찾으시더군요.
잔뜩 긴장하고 소장실에 들어갔더니, 다른 기관에서 이러저러한 연구를 했는데, 제가 하는 것과 어떻게 다르냐고 물으시더군요.
그때 저는 이렇게 대답했습니다.
"예, 이 두 개는 틀립니다."
그 말이 제 입에서 떠나는 순간, 아! 틀린 게 아니라 다른 건데…… 라는 생각이 들더군요. 그렇지만 이미 말은 제 입을 떠났고…….

'틀리다' 와 '다르다' 의 차이를 알면서도, 곧잘 틀리는 게 바로 이 말입니다. 생각을 좀 하면서 말을 뱉어야 하는데, 그냥 되는대로 뱉다보니…….

이번 주도 반성으로 시작하는 기분 좋은 한 주입니다.
행복하소~~서~~!

자귀나무

점심 맛있게 드셨나요? 저는 오늘 밖에 나가서 밥을 먹었는데, 들어오면서 멋진 나무를 하나 봤습니다.

오늘은 우리말과는 별 연관이 없는, 멋진 꽃 이야기 하나 보냅니다.

자귀나무라고 들어보셨어요?
잎사귀는 신경초인 미모사나 아까시나무처럼 생겼는데, 좌우 잎 수가 짝수로 이루어져 서로 상대를 찾지 못한 외톨이(?) 잎이 없습니다. 아까시나무 잎은 맨 끝에 나온 잎의 짝이 없는데 자귀나무 이파리는 끝에 나온 잎에도 짝이 있습니다. 벌써 뭔가 부부간의 정을 다루는 꽃이라는 느낌이 들지 않으세요?

이 자귀나무는, 낮에는 잎을 펴서 광합성을 하고, 밤에는 그 잎을 마주 닫아 증산을 줄입니다. 잎의 표면적을 되도록 줄이는 거죠. 마주 보고 있는 잎과 잎이 서로 딱 붙어 잠자는 모습이 마치 부부가 한 이불 속에서 서로 꼭 껴안고 잠든 모습과 비슷합니다.

이런 모습을 보고, 합환목(合歡木), 합혼수(合婚樹), 야합수(夜合樹), 유정수(有情樹) 따위로도 불렀습니다. 그래서 예부터 집 안에 이 나무를 심는 사람들이 많았죠.

그러나 한편에서는, 잎사귀를 딱 붙여서 자는 모습이 마치 귀신같다고 해서 자귀나무라고 이름을 붙였다는 설도 있습니다.

농사에서 꼭 필요한 소가 이 나무 잎사귀를 무척 좋아하는데, 그걸 보고 이 나무가 소에게는 마치 쌀과 같다 하여 '소쌀나무'라고 부르는 곳도 있습니다(제가 농사꾼이잖아요).
또 10월이 되면 콩깍지 모양의 열매가 열리는데, 가을바람에 꼬투리가 부딪치면서 달가닥거리는 소리가 시끄럽다며, 시끄러운 여자에 비유해 여설목(女舌木)이나 여설수라고도 불렀습니다.
미국에서는 꽃이 비단처럼 곱다고 해서 자귀나무를 'silk tree'라고 합니다.

더 재밌는 것은, 밤에는 이렇게 잎과 잎을 딱 붙여 자는데 낮에는 아무리 어두워도 잎과 잎을 붙이지 않는다는 사실입니다. 이것은 아마도, 절제된 부부생활을 하라는 깊은 뜻이 있지 않을는지…….

오늘은 아내에게 아니면 남편에게 전화를 걸어보세요. 뜬금없이…….
전화해서 자귀나무 이야기를 들려주세요.
부부 금실('금슬'이 아닙니다)이 좋아지실 겁니다.

가정난/가정란

오늘은 난/란, 양/량, 예/례의 구별에 대해 알아볼게요.

'가정난'이 맞아요, '가정란'이 맞아요?
'알림난'이 맞아요, '알림란'이 맞아요?
실은 이걸 가르는 아주 쉬운 원칙이 있는데도 많은 사람들이 '난'과 '란'을 갈라 쓸 때 어려워하고 힘들어하더군요.

원칙은 쉽습니다.
한자어 뒤에는 '란'을 쓰고, 외래어나 고유어 뒤에는 '난'을 씁니다. 따라서 스포츠난, 알림난, 어린이난이 맞고, 통보란, 가성란, 독자란이 맞습니다.

식물 '蘭'도 원칙은 마찬가지입니다. 한자어 다음에는 '란', 고유어나 외래어 다음에는 '난', 따라서 문주란, 금자란, 은란이 맞고, 거미난, 제비난, 지네발난이 맞죠.

'量'도 마찬가지예요. 한자어 다음에는 '량', 고유어나 외래어 다음에는 '양'. 따라서 노동량, 작업량으로 쓰고, 구름양, 알칼리양으로 써야죠. 쉽죠?

당연히 '例'도 같겠죠? 한자어 다음에는 '례', 고유어나 외래어 다음에는 예, 인용례, 실례가 맞죠.

근데 '率'은 좀 달라요. 모음이나 'ㄴ' 받침 뒤에서는 '율'이고 다른 경우는 '률'입니다. 따라서 비율, 실패율, 득표율, 백분율로 쓰고, 법률, 출석률로 써야 합니다.

덤 | '금실'과 '금슬'

혼히 부부간의 사랑을 이야기할 때 '금실 좋은 부부'라는 말을 많이 합니다. 금실 하면, 금으로 된 실(金絲)을 연상하시는 분이 계시는데, 금실은 금으로 된 실이 아니라, '금슬'(琴瑟)에서 나온 한자어입니다. 거문고 금(琴), 비파 슬(瑟)이죠. 거문고와 비파처럼 잘 어울려 궁합이 딱 맞는 부부를 말합니다.

현행 맞춤법상 '琴瑟'이 부부간의 사랑을 나타낼 때는 '금실'로, 거문고와 비파 자체를 뜻할 때는 '금슬'로 씁니다.

기다리던 너의 아파트

　일요일 아침에 방송하는 프로그램 중에, 연예인들이 나와서 노래를 하고 도중에 가사가 틀리면 떨어지는 것으로 마지막 우승자를 가리는 게임이 있습니다.
　노랫말을 자막 아랫부분에 표시해주고 가수가 부르는 노래와 노랫말이 두 번 이상 조금이라도 틀리면 떨어지는 게임입니다.

　어제 아침에 본 건데요.
　한 여자 가수가 윤수일의 〈아파트〉라는 노래를 하는데, '언제나 나를 언제나 나를 기다리던 너의 아파트'에서 '던' 자에 빨갛게 표시되더니 그 가수가 떨어지는 겁니다. 노래하던 가수는 '내가 왜?' 하는 표정이 역력하고…….
　그 순간 잠이 확 깨더군요. 평소에는 열 개 자막 가운데 한두 개는 꼭 틀리던 방송사가 그날만큼은 정확하게 잡아내다니……. 실은 그 여자 가수가 노래하면서, '기다리던 너의 아파트'라고 하지 않고, '기다리든 너의 아파트'라고 했거든요.

오늘은 그 '든'과 '던'을 좀 구별해볼게요. 실은 무척 쉽답니다.

'던'은 과거에 일어난 일을 뜻하고, '든'은 조건을 뜻한다고 외워두시면 됩니다.

따라서 '내가 좋아했던 여자', '어제 먹었던 찌개'와 같이 과거에 일어난 일을 표시할 때는 '던'을 쓰고, '오든지 말든지 네 맘대로 해라', '그 일을 하든지 말든지'와 같이 어떤 조건을 뜻할 때는 '든'을 쓰시면 됩니다. ♣

◆ 보태기

괄호 안에 어떤 말이 들어가는지 한번 표시해보세요.

1. 지난겨울은 몹시 춥(더/드)라.
2. 깊(던/든) 물이 얕아졌다.
3. 얼마나 놀랐(던/든)지 몰라.
4. 배(던/든)지 사과(던/든)지 마음껏 드세요.
5. 어렸을 때 놀(던/든) 곳이야.
6. 그가 집에 있었(던/든)지 없었(던/든)지 알 수 없다.
7. 가(던/든)지 오(던/든)지 마음대로 해라.
8. 그 사람 말 잘하(던/든)데!

답은 42쪽에 있습니다.

봄 내음/봄 향기

많이 춥죠? 그런데 추위나 더위에는 '많이'를 쓰지 않습니다.
추위나 더위의 정도를 나타내는 어찌씨(부사)는 '상당히'나 '꽤'를 써야 바릅니다. 지난 주말과 오늘은 상당히 추운 겁니다.
내일부터는 날씨가 많이 풀릴 거라고 하네요.

요즘 봄 맞죠? 봄에 자주 들을 수 있는 말 가운데, '봄 내음 물씬'이라는 게 있습니다. '봄 내음'이 어떻게 생겼는지, 또 어떤 향인지도 모르겠지만, '내음'은 표준어가 아닙니다.
"코로 맡을 수 있는 온갖 기운"은 '냄새'지 '내음'이 아닙니다.
'봄 냄새'보다 '봄 내음'이 더 따뜻하게 느껴지고, '고향 냄새'보다는 '고향 내음'이 왠지 더 정감 있게 느껴지더라도, '코로 맡을 수 있는 온갖 기운'의 표준어는 '냄새'지 '내음'이 아닙니다.
'봄 내음 물씬'이라는 말보다는, '봄 향기 가득'이라는 말이 더 나을 겁니다.
자주 드리는 말씀이지만, '내음'이 사투리라서 쓰지 말라는 게 아닙니다. 쓰더라도 사투리인 것을 알고 쓰자는 겁니다.

봄만 되면 제가 자주 지적하는 게, '입맛 돋우는 나물' 입니다(여기서 입맛을 '돋구는' 이 아닌 것은 잘 아시죠? '돋구다' 는 안경의 도수를 높인다는 뜻으로만 쓸 수 있는 말입니다). 봄 향기 가득한 제철 나물 많이 드시고 늘 즐겁게 지내시길 바랍니다.

◆ 보태기

40쪽 문제의 답입니다.
1. 더 | 2. 던 | 3. 던 | 4. 든, 든 | 5. 던 | 6. 던, 던 | 7. 든, 든 | 8. 던

덤 '왠' 과 '웬'

오늘은 (왠지/웬지) 좋은 일이 생길 것 같지 않아요?
(왠/웬) 놈의 일이 이리 많은지!
어라, 이거 (왠/웬) 돈이야?
네가 (왠/웬)일이냐?

위의 괄호에 어떤 말이 와야 할까요?
'왜 그런지' 라는 까닭의 뜻일 때는 '왠', '어떠한' 의 뜻일 때는 '웬' 으로 써야 하는데요, 옛날에 개그맨 서세원 씨가 많이 쓰던 "왠~~지~~, 오늘은……" 할 때의 "왠지"만 '왠' 을 쓰시고, 다른 모든 것은 '웬' 을 쓰시면 됩니다. 아주 쉽죠?

야채/푸성귀

요즘 봄나물이 참 맛있죠? 입맛 돋우는 데는 봄나물이 최고라고 합니다. 오늘은 그 나물 이야기를 좀 해볼게요.

먼저, '나물'에는 두 가지 뜻이 있습니다.
1. 사람이 먹을 수 있는 풀이나 나뭇잎 따위를 통틀어 이르는 말로 고사리, 도라지, 두릅, 냉이 따위죠.
2. 사람이 먹을 수 있는 풀이나 나뭇잎 따위를 삶거나 볶거나 또는 날것으로 양념하여 무친 음식도 나물입니다.

'봄나물'은 "봄에 산이나 들에 돋아나는 나물"을 말하죠.
'남새'는 "채소"(菜蔬)를 뜻하며, '채소'는 "밭에서 기르는 농작물"로 주로 그 잎이나 줄기, 열매 따위를 식용으로 하는 식물을 말합니다. '채소'를 '소채'(蔬菜)라고도 합니다.
'소채'는 "심어 가꾸는 온갖 푸성귀와 나물을 통틀어 이르는 말"인데, 국립국어원에서 '채소'로 다듬었습니다.
'채소'를 '야채'라고도 하는데, 야채(野菜, やさい[야사이])는 "들에서

자라나는 나물"을 뜻하는 일본어투 낱말입니다.

반면, '푸새'는 "산과 들에 저절로 나서 자라는 풀을 통틀어 이르는 말"입니다.

"사람이 가꾼 채소나 저절로 난 나물 따위를 통틀어 이르는 말"은 '푸성귀'이고요.

자, 이제 정리해보죠.

우리가 시장에서 사 먹는 푸른 잎은, 산과 들에 저절로 나서 자라는 풀을 뜯어서 모아놓은 것도 있고, 먹거나 팔기 위해 밭에서 일부러 길러 가져온 것도 있습니다.

이 두 가지를 다 아우를 수 있는 낱말이 뭘까요? 앞에 나온 대로 '푸성귀'입니다. "사람이 가꾼 채소나 저절로 난 나물 따위를 통틀어 이르는 말"이 '푸성귀'라고 했잖아요. 앞으로는 한자말인 '채소'나 일본어 찌꺼기인 '야채' 대신에, 아름다운 우리말인 '푸성귀'를 쓰자고요. '남새'와 '푸새'를 적절하게 쓰셔도 좋고…….

말 나온 김에 하나 더 하죠.

'들꽃'을 '야생화'라고 하는데, 야생화(野生花, やせいか[야세이까])도 일본어투 낱말입니다. 아직 국립국어원에서 '야채'와 '야생화'를 다듬지는 않았지만, 누가 뭐래도, '야채'보다는 '나물'이나 '푸성귀'가 좋고, '야생화'보다는 '들꽃'이 더 좋지 않아요?

오늘도 좋은 생각 많이 하시고, 남들을 위해 많이 웃는 하루 보내시길 빕니다. ♣

능력개발/능력계발

어제 받은 편지 가운데, "근무시간의 탄력적 운영으로 직원 근무만족도를 향상시키고 자기계발시간을 확보하고자 하는……"이라는 내용이 있었습니다.

오늘은 그 '계발'과 '개발'에 대해서 좀 알아보죠. 실은 이것도 무척 쉬운데, 자꾸 헷갈리시더군요.

계발(啓發)을 사전에서 찾아보면, "지능이나 정신을 깨우쳐 발전시키는 것"이라고 나와 있습니다. 그리고 개발(開發)도 "(지식, 기술, 능력 등을) 더 나은 상태로 발전시키는 것"이라고 나와 있습니다. 그 말이 그 말 같죠?

흔히들, 지적이고 정신적인 대상에 '계발'을 쓰고, 물질적이고 물리적인 대상에 '개발'을 쓴다고 하시는데요. 일상적으로 그런 경향이 있긴 하지만, 위의 사전적 정의에서 보듯이 반드시 원칙적으로 그런 것은 아닙니다. 위의 정의들 역시 두 가지가 다 '발전시키는 것'이라고 되어 있어서 약간은 혼동의 여지가 있을 수도 있는데, 두 낱말의 뜻을 가르는 쉬운 방법은 한자를 이용하는 겁니다.

곧, '계발'은 '계몽'이라는 말의 한자 '계'(啓)처럼 "잠재된, 숨어 있던 것을 찾아내 드러나게 해서 일깨워준다"라는 뜻이 있고, '개발'은 '개척'의 한자 '개'(開)와 같이 "이미 존재하는 상태를 새로운 더 나은 방향으로 열어준다"라는 뜻이 있습니다. 쉽죠?

국립국어원에서는 '개발'과 '계발'의 차이를 아래와 같이 설명하네요.

> '개발'과 '계발'은 모두 어떤 상태를 개선해나간다는 공통된 의미를 지니고 있습니다. 그러나 무엇을 '계발' 해나가기 위해서는 그 무엇은 잠재되어 있어야 하지만 '개발'에는 이러한 전제는 없습니다. 이런 점을 고려하면 '개발'은 단지 상태를 개선해나간다는 의미이지만 '계발'은 잠재되어 있는 속성을 더 나아지게 한다는 의미가 있음을 알 수 있습니다. 즉 '능력계발'은 잠재된 능력을 발전시킨다는 의미이고, '능력개발'은 잠재된 능력은 없지만 실력을 키워 발달하게 한다는 의미가 되는 것입니다.

국립국어원에서 설명한 내용이 더 분명한가요?

참, 개발/계발과 비슷한, 결제/결재의 차이는 아시죠?
'결제'(決濟)는 "증권 또는 대금을 주고받아 매매 당사자 간의 거래 관계를 끝맺는 것"을 말하고, '결재'(決裁)는 "부하 직원이 제출한 안건을 허가하거나 승인하는 것"을 말합니다. 따라서 인터넷상에서 대금을 결제하는 것이고, 과장님께 결재서류를 올리는 겁니다.

불초소생

오늘은 '불초'에 대해서 말씀드릴게요.

흔히 자기 자신을 낮추어 말할 때, "불초소생이 어쩌고저쩌고"라고 합니다.
"불초소생인 저를 뽑아주셔서 어쩌고저쩌고……."
"불초소생인 제가 막중한 임무를 맡아 어쩌고저쩌고……."
보통 정치인이나 높은 지위에 있는 분들이 많이 쓰는 말입니다.

근데 이 '불초'라는 낱말은 아무나 쓸 수 있는 게 아닙니다.
자식과 임금만 쓸 수 있는 말입니다.

불초(不肖)는 아니 불(不), 닮을 초(肖) 자를 써서, 자기 아버지를 닮지 못했다는 말로, 자식이 부모에게 자기를 낮추어 말하는 것입니다.
또 임금이 선왕을 닮지 못해 큰 뜻을 따르지 못한다는 겸손한 뜻으로만 씁니다.
『맹자』(孟子) 만장(萬章)편 상권에 있는 말이죠.

봄 : 47

따라서 '불초소생'은, '제가 아버지의 큰 뜻을 따라가지 못해서 죄송하다'는 뜻으로 씁니다. 부모님께 드리는 이런 겸손한 말을, 시궁창에 처박혀 사는 정치인들이 세 치 혀로 언죽번죽 지껄이면 안 되죠.

돌아오는 일요일이 돌아가신 아버지 제사입니다.
아버지는 생전에 남에게 많은 것을 베풀도록 저를 가르치셨죠.
오죽했으면, 7대 독자인 제게, "남들이 진정으로 원하면 네 xx도 떼줘라"라고 하셨으니까요.

저는 자신에게 소중한 것도 남들이 필요하다면 뭐든지 내주라는 선친의 가르침을 못 따르고 있습니다. 남을 챙겨주고 배려하기는커녕, 작은 것에 집착하고, 사소한 일에 짜증내고, 부질없는 욕심에 마음 아파하고…….

이런 '불초소생'이 앞으로는 남들을 더 많이 사랑하고, 더 많이 배려하며 살겠다는 약속을 드리러 아버지를 뵈러 갑니다.

주책없다/주책이다

오늘은 '주책' 이야기입니다.

이 '주책' 은 참 재밌는 말입니다.

주책은 '일정하게 자리 잡힌 생각' 을 뜻하는 것으로 원래 주착(主着)이라는 한자어에서 나온 말인데, 이 '착' 의 모음발음이 변하여 '책' 으로 굳어진 경우입니다.

우리 국어에는 모음의 발음 변화를 인정하여, 발음이 바뀌어 굳어진 형태를 표준어로 삼는 게 몇 개 있습니다.

일테면 다음과 같은 것들이죠.

-구료 (×) → -구려 (○)

깍정이 (×) → 깍쟁이 (○)

지리하다 (×) → 지루하다 (○)

주착없이 (×) → 주책없이 (○)

주책의 본래 뜻은 "일정하게 자리 잡힌 주장이나 판단력"인데, 요즘은 "일정한 줏대가 없이 되는대로 하는 짓"도 주책이라고 합니다.

둘 다 '주착'이 아니라 '주책'입니다.

여기서 재밌는 것은, 앞에서 말한 대로 주책의 뜻이 "일정하게 자리 잡힌 주장이나 판단력, 또는 일정한 줏대가 없이 되는대로 하는 짓"으로, 두 가지 뜻이 반대라는 사실입니다.
앞의 뜻은 좋은 거고, 뒤의 뜻은 나쁜 거고요.
따라서 '나이가 들면서 주책이 없어져……/주책없는 여자처럼'으로 쓰일 때는 '주책' 뒤에 '없는'이 와야 하고, '주책을 떨다/주책을 부리다/주책이 심하다/그 늙은이 주책이 이만저만이 아니야' 따위에서는 그냥 주책만 쓰시면 됩니다.
이렇게 한 낱말에 다른 뜻이 있는 경우가 우리말에 몇 개 있답니다.

놀라다/놀래다

어제와 오늘, 지진에 많이 놀라셨죠?

어젯밤 방송에서는 온통 지진 이야기뿐이더군요.

시민들과 인터뷰하면 대부분, "……하는데 유리창이 움직여서 깜짝 놀랬어요", "……하는데 화분이 떨어져서 깜짝 놀랬어요"라고 말하더군요.

한결같이 '놀랬다'고 하는데, 이를 받은 기자는 "……하는 시민들은 더 이상의 피해가 없어서 놀란 가슴을 쓸어내리고……"라고 올바로 말하더군요.

오늘은 '놀래다'와 '놀라다'의 차이입니다.

"뜻밖의 일로 가슴이 두근거리다"라는 뜻의 낱말은 '놀라다'입니다. '고함소리에 화들짝 놀라다/그의 시선에 흠칫 놀라다'처럼 쓰시면 됩니다.

'놀래다'는 '놀라다'의 하임움직씨(사동사)입니다.

하임움직씨는 문장의 주체가 자기 스스로 행하지 않고 남에게 그 행동이나 동작을 하게 함을 나타내는 움직씨(동사)인 것은 아시죠?

'뒤에서 갑자기 나타나서 그를 놀래주자/단지 그를 놀래주기 위한 것이 아니고' 처럼 쓰시면 됩니다.

쉽죠?

뭔가 좋은 일이 일어날 것 같은 화창한 날씨입니다.
오늘 하루도 멋지게 보내세요.

덤 : 사양이 아니라 설명서/품목

어제 물건을 하나 살 게 있어서 그 제조 회사에 전화를 했습니다.
담당 직원과 이런저런 이야기를 하는 도중에, 그 직원이 "그럼, 사양은 어떻게 해드릴까요? 표준사양으로 하면 되나요?"라고 묻더군요.
아직도 '사양'이라는 낱말을 쓰는 분이 계시네요.
'사양(仕樣)'은 '설계 구조'를 뜻하는 일본어투 한자어로, 일본에서는 'しょう'[시요우]라고 씁니다. 국립국어원에서는 이 말을 '설명', '설명서', '품목'으로 다듬은 바 있습니다. 때에 따라 '사양'을 '조건'이나 '규격' 정도로 바꾸어 쓰시면 됩니다.

바람 불고, 바람 맞고, 바람피우고, 그런 걸 바란 게 아닌데……

날씨가 끄물끄물하네요. 요즘 농사철이다 보니 자주 편지를 못 드립니다. 남들이 부지런하게 일할 때 저는 옆에서 바지런이라도 떨어야 월급 받죠.

지난주에는 서산에 다녀왔습니다. 서산 간척지 논에서 일을 좀 했는데요. 바람 참 세게 불더군요. 더군다나 꽃샘추위에…….

오늘은 그 '바람' 이야기입니다.

'바람'에는 뜻이 참 많습니다. 우리가 가장 잘 아는 뜻은, "기압의 변화로 일어나거나 기구 따위로 일으키는 공기의 움직임"이죠.

다른 뜻으로, 맞고 싶지 않은 바람은 "남에게 속다/허탕을 치다"라는 뜻의 바람이고, 대단한 능력의 소유자만 할 수 있는, 배우자 몰래 다른 사람과 거시기한 관계를 유지하는 것도 바람이고, "어떤 일이 이루어지기를 바라는 간절한 마음"도 바람입니다.

제가 말씀드리고자 하는 것은 바로 이 '바람'입니다.

흔히들 '바램'이라고 하시는데 이건 '바람'을 잘못 쓰신 겁니다.

우리가 '바람'을 '바램'이라고 쓰는 데는 그 나름대로 까닭이 있습니다. 노사연이 부른 〈만남〉이라는 노래에 보면, 이런 구절이 있죠.
"우리 만남은 우연이 아니야/그것은 우리의 바램이었어/잊기엔 너무한 나의 운명~~~."

너무나 자주 부르다 보니 사람들의 입에 아예 익어버렸어요.
"그것은 우리의 바램이었어······."
제 생각에는 여기서부터 잘못된 것 같습니다.
'우리의 바램'이 아니라 '우리의 바람'인데······.

"어떤 일이 이루어지기를 바라는 간절한 마음"은, '바라다'에서 온 '바람'이지 '바램'이 아닙니다. '자라다'에 이름씨를 만드는 '-(으)ㅁ'이 붙어서 '자람'이 되는 것과 마찬가지로, '바라다'에 '-(으)ㅁ'이 붙으면 '바람'이 됩니다. '자라다'와 '-았-'이 만나면 '자랐다'가 되는 것처럼 '바라다'에 '-았-'이 붙으면 '바랐다'가 되는 거죠.
조금은 익숙하지 않으실 수 있지만, "어떤 일이 이루어지기를 바라는 간절한 마음"은 '바램'이 아니고 '바람'입니다.
참고로, '바램'은 '바래다'의 이름씨로, "볕이나 습기를 받아 색이 변하다"라는 뜻입니다.
'빛바랜 편지/색이 바래다/종이가 누렇게 바래다'처럼 씁니다.

우리 모두, 아니 제가 아는 사람만이라도 우리말을 바로 쓰는 걸 보는 게 바로 저의 작은 '바람'입니다. ❋

있으므로/있음으로

오늘이 식목일인데 강원도에 큰불이 났다네요. 빨리 꺼야 할 텐데 걱정입니다.

며칠 전에 어떤 분이 아래와 같은 편지를 보내주셨습니다.

> 안녕하세요. ○○○입니다.
> 날마다 아침에 보내주시는 좋은 내용의 글을 고맙게 잘 읽고 있습니다.
> 다름이 아니라 몇 가지 여쭤볼 게 있는데 시간 나실 때 천천히 답변해 주시면 고맙겠습니다.
> 가끔, 기안을 하나 보면 "있으므로"와 "있음으로"의 사용 때문에 고민을 한 적이 있습니다.
> 둘 다 맞는 건지, 맞다면 언제 어떻게 사용해야 하는 건지 알려주시면 고맙겠습니다.

이 편지에 대한 저의 답변으로 오늘 우리말 편지를 가름합니다.

참 어려운 문제입니다. 문법적으로 따지면 무지 힘들죠. 저는 국어학자가 아니므로 쉽게, 쉽게…….

'있음으로'와 '있으므로'를 구별하는 쉬운 방법이 있습니다. '으로/므로'를 '때문에'로 바꿔서 말이 되면, '므로'를 쓰시면 됩니다.

앞에서 '국어학자가 아니므로'에서 '므로'를 썼죠?
'국어학자가 아니므로'를 '국어학자가 아니기 때문에'로 바꿔도 말이 되잖아요. 그래서 '므로'로 써야 합니다.

쉽죠?

참고로, "기안을 하다 보면 '있으므로'와 '있음으로'의 사용 때문에 고민을 한 적이 있습니다"에서 낱말을 강조할 때는 큰따옴표(" ")를 쓰는 게 아니라 작은따옴표(' ')를 씁니다. 🍀

반나절은 몇 시간?

식목일인 어제 큰불이 났습니다. 왜 해마다 식목일이면 큰불이 나는지……. 식목일을 연목일(燃木日)로 불러야 할 판입니다.

어제 난 그 산불로 양양에 있는 낙산사가 불탔는데요. 제가 그곳으로 신혼여행을 갔던 터라 가슴이 더 에이네요.
방송에서 낙산사가 불탄 소식을 전하며, "……때문에 반나절 만에 전소됐습니다"라는 말을 하더군요.
반나절……. 한나절도 아닌 반나절이라……. 도대체 반나절이 몇 시간이기에 반나절 만에 불탔다고 저리 호들갑일까? 분명 짧은 시간에 다 탔음을 강조하는 것 같은데…….

반나절을 알기 위해서는 먼저 한나절을 알아야 합니다.
한나절은 "하루 낮의 반(半)"입니다. 따라서 시간으로 따지면 하루 낮(12시간)의 반인 6시간이죠. 그 한나절의 반이 반나절이므로 시간으로 따지면, 6시간의 반인 3시간이라는 말이죠. 그러므로 3시간 만에 절이 다 타버렸다는 뜻이 됩니다. 실제로 몇 시간 동안 탔는지는 모르지만, 짧은 시간에 천년 고찰이 다 탔다는 것을 강조하는 데는 아주 적절한 표현이라고 생각합니다. 제가 처음으로 방송에서 나온 말을 칭찬하네요.

그렇지만 틀린 것도 있습니다.
"……때문에 반나절 만에 전소됐습니다"에서, '전소됐습니다' 보다는 '전소했습니다' 가 더 낫습니다. 이름씨에 '하다' 가 붙어서 움직씨가 되는 말은 '되다' 를 붙이지 않는 것이 좋습니다. 최근에 이런 이름씨에 '되다' 를 붙여 쓸 때가 많은데 이는 영어의 번역투입니다.

오후에는 비가 온다는데, 되도록 많이 와서 강원도 불도 말끔히 끄고, 전국적인 건조주의보도 해제하면 좋겠네요. 지금 오는 비가 저 같은 농사꾼에게는 별로지만…….

◆ 보태기
한나절의 반인 반나절과 같은 뜻의 낱말로 '한겻' 도 있습니다.

차돌배기/차돌바기/차돌박이/차돌빼기?

다행스럽게도 산불이 잡혀가네요. 타들어가는 나무를 보면 제 마음도 타들어갑니다.

어제는 청주로 봄나들이(?)를 다녀온 그 탄력으로, 강남에 진출해서 목을 좀 축였습니다. 한 고깃집에서 차돌박이를 시켜놓고 투명한 액체와 씨름을 좀 했죠.

오늘은 그 차돌박이 이야깁니다.

표준어에서 [배기]로 소리가 나는 말은 '-배기'로 적도록 하고 있습니다. '-배기'는 "그 나이를 먹은 아이"의 뜻을 더하는 끝가지(접미사)입니다. '한 살배기, 세 살배기'처럼 쓰죠.
또 표준어에서 [바기]로 소리가 나는 것은 '-박이'로 적습니다.
'-박이'는 '박다'의 뜻이 살아 있는 경우에 쓰는 것으로, '점박이, 덧니박이, 외눈박이, 오이소박이, 붙박이, 장승박이, 토박이' 따위죠.
끝으로 [빼기]로 소리 나는 것은 '-빼기'로 적습니다. '고들빼기,

곱빼기, 코빼기' 따위죠. 다만, '뚝배기, 학배기, 언덕배기' 이 세 가지는 〔-빼기〕로 소리 나지만 '배기'로 적습니다.

잔소리가 좀 길었네요.
정리하면, 우리말에서 '-박이'는 일부 이름씨 뒤에 붙어 "무엇이 박혀 있는 사람이나 짐승 또는 물건"이라는 뜻입니다. '박다'의 뜻과 관련이 깊죠. 그렇지 않은 경우는 '배기'나 '빼기'입니다.

그럼 고깃집에서 "소 양지머리뼈의 한복판에 붙은, 희고 단단한 기름진 고기"를 먹고 싶으면, 뭐라고 주문해야 할까요?
차돌배기? 차돌바기? 차돌박이? 차돌빼기?
"흰 기름덩이가 박힌 고기"니까 당연히 '차돌박이'죠.

산불 난 곳의 잔불이 잘 정리되어 더는 산불이 없기를 빕니다.
어릴 적에 외웠던 표어가 생각나네요.
꺼진 불도 다시 보자!🍀

◆보태기

'잔불'은 사전에 없는 낱말입니다. 그러나 자주 쓰는 말이고 한자어로 볼 수도 없으니 표준어로 인정해줘야 한다고 생각합니다.

"이런 칠칠맞은 녀석아!"

봄비가 내리네요.
다음 주 월요일에 논에서 중요한 일이 있는데, 비가 오니 걱정입니다. 지금이라도 그치면 좋으련만…….

오늘은 한 달에 두 번 있는 쉬는 토요일입니다. 덕분에 늘어지게 늦잠 자다 11시쯤 사무실에 나왔죠.

버스를 기다리면서 신문을 읽고 있는데, 예닐곱쯤 되어 보이는 꼬마가 도로에 고인 물에서 발장난을 치고 있더군요. 이를 본 꼬마의 엄마가, "이런 칠칠맞은 녀석아, 그게 뭐냐? 옷 다 버렸잖아!"라고 꾸중을 하더군요. 당연한 듯 그 꼬마는 들은 척도 안 하고 계속 발장난을 즐겼지만…….

오늘은 '칠칠맞다' 이야기 좀 해볼게요.
본래 '칠칠맞다'는 '않다', '못하다' 따위와 함께 쓰여서, '칠칠하다'를 속되게 이를 때 씁니다.

'칠칠하다'는 그림씨(형용사)로, "일처리가 민첩하고 정확하다", "나무, 풀, 머리털 따위가 잘 자라서 알차고 길다"라는 좋은 뜻입니다. '검고 칠칠한 머리/숲은 세월이 흐를수록 칠칠하고 무성해졌다'처럼 쓰죠.

따라서 품행이나 옷차림, 행동거지 등이 깨끗하거나 얌전하지 않을 때는, "이런 칠칠맞지 못한 녀석아!"라고 말해야 합니다. '칠칠맞다'고 야단을 치는 게 아니라, '칠칠맞지 못하다'고 야단을 치는 게 정확하기 때문이죠.

곧, '칠칠하다'를 부정의 뜻으로 쓸 때는 '칠칠찮다', '칠칠하지 못하다'와 같이 써야 합니다. 그래야 말하려는 뜻을 정확하게 표현한 겁니다.

여러분은 칠칠한 사람이 좋아요, 칠칠하지 않은 사람이 좋아요? 마땅히 일처리가 민첩하고 정확한, 칠칠한 사람이 좋겠죠?

'더 이상'이 아니라 그냥 '더'

그동안 편지를 통 못 보냈습니다.

농사철이라 좀 바쁘네요. 그러면서도 저녁에는 뭔가를 열심히 홀짝거리고…….

덕분에 오늘 아침도 버스를 타고 출근했습니다.

습관적으로 공짜 신문을 집어 들었는데, 오늘도 여전히 틀린 말이 수두룩하더군요.

그중 하나가 '학교폭력, 더 이상 방치할 수 없다'라는 제목의 글입니다.

여기서 '더 이상'을 좀 짚고 넘어가죠.

'더'는 '더 들어보자/한 번 더 만나자/돈을 더 내놓아라'처럼 움직씨 앞에 나와서 "계속하여, 거듭하여, 그 위에 보태어"라는 뜻의 어찌씨(부사)입니다. 근데 어느 날부터인가, '더' 뒤에 '이상'이라는 '이상한' 낱말을 혹처럼 덧붙여서 쓰고 있습니다.

이상(以上)은 "수량이나 정도가 일정한 기준보다 더 많거나 나음"을 뜻하는 이름씨로, 혼자서도 제 노릇을 잘합니다. 괜히 '더' 뒤에 붙여서 흐리멍덩하게 만들면 안 됩니다.

'더'도 혼자 잘 놀아요. 괜히 뒤에 이상한 '이상'을 붙일 필요 없습니다.

따라서 '학교폭력, 더 이상 방치할 수 없다'는 그냥, '학교폭력, 더 방치할 수 없다'로 바꾸면 됩니다.

'더 이상'이 아니라, 그냥 '더'입니다.

◆ 보태기

'방치하다'는 '放置'(ほうち, [호우치])라는 일본어에서 온 말로, 국립국어원에서 '내버려두다', '버려두다'로 바꿨습니다.

저 꽃 진짜 이쁘다!

요즘 날씨 참 좋죠? 점심 먹고 잠시 짬을 내 여기저기 돌아다니다 보면 저처럼 온몸으로 봄을 맞이하고 싶어하는 분들과 자주 만납니다. 가까이 가서 꽃도 보고, 향기도 맡아보고……. 이것저것 꽃구경 하면서 조용히 걷다 보면, 나도 모르게 지나가는 사람들이 하는 말을 듣게 됩니다.

"야, 야, 야! 저 꽃 봐봐, 진짜 이쁘지!"
"응. 그러네, 너무 이쁘다."
"저 개나리는 색이 진짜 찐하다. 그치?"
"맞아 맞아, 진짜 진짜 찐하다!"

눈은 아름다운 꽃을 보면서 기뻐하는데, 제 귀는 무척 힘들어하더 군요.

'진짜'는 물건이 본디의 참 것임을 뜻하는 이름씨로, '가짜'의 반대 말입니다.

'진짜'라는 말 대신에 '참, 정말, 꽤, 무척'이라는 멋진 말이 있으니, 앞으로는 이 낱말들을 쓰시는 게 어떨까요?

'참'은 사실이나 하는 일이 이치에 맞음을 뜻하는 이름씨이면서, '정말, 과연, 아주'라는 뜻이 있는 어찌씨입니다. '정말'은 거짓이 없는 말임을 뜻하는 이름씨이면서, '과연, 틀림없이'라는 뜻이 있는 어찌씨이고요.

아무 때나 '진짜'라는 말만 써서 우리말의 품위를 떨어뜨리기보다는, 그때그때 상황에 맞게 '참, 정말, 꽤, 무척' 같은 우리말을 골라 쓰는 게 더 낫지 않을까요?

"야, 야, 야! 저 꽃 봐봐, 진짜 이쁘지!"
"야, 야, 야! 저 꽃 봐봐, 참 예쁘지!"

"응. 그러네, 너무 이쁘다."
"응. 그러네, 참 곱다."

"저 개나리는 색이 진짜 찐하다. 그치?"
"저 개나리는 색이 무척(또는 꽤) 진하다. 그렇지?"

"맞아 맞아, 진짜 진짜 찐하다!"
"맞아, 참 진하고 곱다!"

위에 있는 문장과 아래 있는 문장 가운데 어떤 게 더 좋으세요? 저는 아래에 있는 문장이 더 좋은데…….🍀

라면이 불기 전에 빨리 먹자고?

저는 요즘 아내가 없어서 끼니를 다 밖에서 때우는데요. 며칠 전에는 친구와 같이 라면을 사 먹었습니다. 오랜만에 먹으니 참 맛있더군요.

라면이 나오는 동안 저는 신문을 읽고 있었는데, 읽던 것은 마저 읽어야 하기에, 라면이 나온 뒤에도 잠시 동안 신문을 읽고 있었습니다. 젓가락은 손에 들고…….

이를 본 친구가 "야, 라면 다 불기 전에 빨리 먹자. 곧 2인분 되겠다"라고 하더군요.

그렇죠. 라면은 불으면 맛이 없잖아요. 라면이 불어 2인분이 되기 전에 신문을 집어치운 친구가 고맙기도 하지만, 그래도 틀린 말은 고쳐야죠.

"라면 다 불기 전에 빨리 먹자"가 아니라, "라면 다 붇기 전에 빨리 먹자"가 맞습니다.

"물에 젖어서 부피가 커지다"라는 뜻의 낱말은, '불다'가 아니라, '붇다'가 그 원형입니다.

또 "분량이나 수효가 많아지다"라는 뜻도 있죠.

'개울물이 붇다/체중이 붇다/식욕이 왕성하여 몸이 많이 불었다' 처럼 써야 합니다. '개울물이 불다/체중이 불다'가 아닙니다.

헷갈리시죠? '체중이 붇다'에서는 '붇'을 쓰고, '몸이 많이 불었다'에서는 '불'을 쓰니……

우리 한글에는 'ㄷ 불규칙 활용'이라는 게 있습니다.

ㄷ 불규칙 활용은 어간 끝소리 'ㄷ'이 모음으로 시작하는 어미 앞에서는 'ㄹ' 받침으로 소리 나고, 자음으로 시작하는 어미와 결합할 때에는 그대로 'ㄷ' 받침으로 소리 납니다. 곧, ㅇ으로 시작하는 어미 앞에서는 'ㄹ'로 소리 나고, 그 밖의 자음 앞에서는 'ㄷ'으로 소리 납니다.

따라서 '걷다'는 '걷고, 걷는, 걸어서, 걸으면' 따위로 씁니다.

"샘 따위에서 물을 떠내다"라는 뜻이 있는 '긷다'도 '길어, 길으면, 길어서, 길으니, 긷고'처럼 활용합니다.

'ㄷ 불규칙 용언'은 이 밖에도 '깨닫다, 듣다, 묻다, 일컫다' 따위가 있습니다.

라면의 부피가 커지는 '붇다'도, '불어, 불으니, 불으면'처럼 써야 합니다.

요즘 저도 체중이 좀 불었습니다.
몸이 붇기 전에는 몰랐는데, 불으니 좀 무겁네요.

오늘 저는 못자리하러 갑니다.
올 한 해 농사 잘되도록 빌어주세요. 🌿

> **덤** '예요'와 '에요'

다음 괄호 안에 어떤 말이 와야 할까요?

저(예요/에요), 사랑이(예요/에요), 책이(예요/에요), 전화(예요/에요), 아니(예요/에요), 지현이(예요/에요), 철수(예요/에요), 선생님이(예요/에요)

많은 분이 '예요'와 '에요'를 헷갈리시는데요, 두 가지를 가르는 방법은 너무너무 쉽습니다. '예요'나 '에요' 앞에 받침이 없으면 '예요'를, 받침이 있으면 '이에요'를 쓰시면 됩니다. 따라서 받침이 없는 저, 전화, 철수 다음에는 '예요'가, 받침이 있는 사랑, 책, 지현, 선생님 다음에는 '이에요'가 오겠지요. 다만 '아니에요'는 문법적으로 다른 설명이 필요한데, 여기서는 그냥 예외로 외워버리자고요.

저예요, 사랑이에요, 책이에요, 전화예요, 철수예요, 선생님이에요
(예외) 아니에요

이제 요약, 정리해볼까요?
받침이 없을 때: -예요/-여요
받침이 있을 때: -이에요/-이어요
아니다: 아니에요, 아녜요/아니어요, 아녀요

일가견보다는 한가락이 낫다

오늘도 날씨가 참 좋죠? 이 좋은 날씨처럼 좋은 일이 많이 생기길 빕니다.

지난 주말에는 전주에 다녀왔습니다. 역시 전주 음식이 맛있긴 맛있더군요.

한 식당에서 몇몇 분들과 저녁을 먹고 있는데, 어떤 분이 저를 찾아와서 건너편에 있는 사람에게 가서 인사를 좀 하자는 겁니다. 제가 관심 있어 할 분들이고, 다들 특정분야에 일가견이 있는 사람들이라면서…….

당혹스럽더군요. 제가 같이 저녁을 먹고 있는 분들도 만만한 분들이 아니었지만, 점잖은 자리에 와서 저를 끌고 가려는 그 사람의 행동도 참……. 더군다나 '일가견' 있다는 사람들이 곁눈질로 저를 보고 있더군요. 오는지 안 오는지…….

이런저런 핑계를 대고 끝까지 가지 않았지만, 기분이 영 거시기하더군요.

오늘은 '일가견'을 좀 짚어보죠.

일가견(一家見)은 "어떤 문제에 대하여 독자적인 경지나 체계를 이룬 견해"를 뜻하는 말입니다.

우리나라 국어사전에 올라 있는 말이지요.

그런데 이 말은 일본어에서 왔습니다. 일본말이 최근에 우리 사전에 오른 겁니다. 일본말로 "독특한 주장이나 학설"이라는 뜻입니다. "어느 한 방면, 어떤 문제에 대해 갖춘 일정한 체계의 전문적인 지식"보다는, "자기만의 독특한 주장이나 학설 또는 그 견해"라는 뜻으로 쓰이는 거죠. '一家見'이라 쓰기도 하고, '一見識'[일견식]이라 쓰고 'いちけんしき'[이치켄시키]라고도 읽습니다.

하루빨리 바다 건너 일본으로 싸 보내야 할 말입니다.

"그 친구 어떤 일에 일가견이 있다"나, "그 친구 어떤 일에 일견식이 있다"라는 말보다는, "그 친구 어떤 일에 한가락 한다는군"이라는 말이 더 좋지 않나요?

제 생각에, '일가견'이나 '일견식' 보다는 '한가락'이 훨씬 더 낫습니다. 그런데 국립국어원에서 만든 『표준국어대사전』에는, '일가견'과 '일견식'은 표제어로, '한가락'은 속어로 올라 있습니다. 이런 황당한 일이 또 어디 있을까요? 도대체 어느 나라 사람이 만든 국어사전이죠?

5월이 시작됐습니다.

이번 달에는 결혼하시는 분들도 참 많네요.

모두 행복하게 사시길 빕니다. ●

◆ 보태기

한글학회 『우리말 사전』은 '한가락'을 "평조와 계면조에서, 협종과 고선을 으뜸음으로 한 조"라고만 풀이하고 있습니다.

남영신 『한+ 국어대사전』은 "(1) 노래 한 곡조. 소리 한 바탕. (2) 녹록하지 않은 솜씨나 재주"로 풀이하고 있습니다. 속된 말이라는 뜻은 없습니다.

『연세 한국어사전』은 "(노래나 소리의) 한 곡조"라고 풀이하고, 관용어로 '한가락(을) 하다'를 올리고서, "어떤 분야에서 왕성하게 활동하다"로 풀이하고 있습니다.

덤 | 두남두다

"잘못을 감싸고 두둔하다"라는 뜻의 순 우리말이 '두남두다'입니다.

'자식을 무작정 두남두다 보면 버릇이 나빠진다/아무리 못나도 자기 남편이라고 두남두는 모양이로구나' 처럼 쓰지요.

'두남두다'에는 "애착을 가지고 돌보다"라는 뜻도 있는데, '자기편을 두남두다' 처럼 씁니다.

먹고 싶은 우유나 사탕을 먹지 못해 애태우는 어린 딸내미를 보는 제 가슴은 아프지만, 나중을 위해 그런 버릇은 어려서부터 바로잡아야겠죠.

제 딸이 훗날 사회에 나가 제 몫을 다하는 사람이 되도록, 제 자식을 두남두며 키우지는 않겠습니다.

부모님께 안갚음을

　오월을 흔히 가정의 달이라고 하죠? 내일이 어린이날, 다음 주 일요일이 어버이날, 그 다음 주는 스승의 날······.

　오늘은 좋은, 아름다운 우리말을 하나 알려드릴게요.
　여러분 '안갚음'이라는 낱말 아세요?
　'앙갚음'과 발음은 비슷한데 뜻은 전혀 다릅니다.

　'안갚음'은 순 우리말로, "까마귀 새끼가 자라서 늙은 어미에게 먹이를 물어다 주는 일"을 말합니다. 곧, "자식이 커서 부모를 봉양하는 일"을 뜻하죠.

　학교 다닐 때 '반포지효'라는 고사성어 배우셨죠? 그 반포(反哺)와 같은 말입니다. 참 아름답고 고운 우리말인데, '앙갚음'과 발음이 비슷해서 쓰기를 주저하는 낱말입니다.
　이 아름다운 오월에 '안갚음'이라는 낱말을 생각하면서, 부모님께 전화 한 통 드리는 것은 어떨까요?

밀리다/막히다

오늘은 어버이날입니다.

이 세상에 자식 없는 부모는 있어도, 부모 없는 자식은 없다고 했습니다.

오늘 하루도 부모님 생각 많이 하시길 빕니다.

부모님 생각하면 하루 종일 기분이 좋잖아요.

저는 며칠 전에 아버지 제사 모시러 고향에 갔다가 올라오면서 어머니를 모시고 왔습니다. 며칠 집에 계시면서 손자 손녀 재롱을 보시면 힘 좀 나시겠죠.

어제 오후에 고속도로로 올라오는데 차가 참 많이 밀리더군요.

오늘은 차가 밀리는 것과 막히는 것의 차이를 말씀드릴게요.

'막히다'와 '밀리다'는 다른 말입니다.

'막히다'는 '막다'의 입음꼴(피동형)로, "길이나 통로 따위가 통하지 못하다"라는 뜻입니다.

길이 막히면 나갈 수 없고, 하수구가 막히면 물이 빠지지 않죠.

'밀리다'는 "처리하지 못한 일이나 물건이 쌓이다"라는 뜻입니다.
방세가 두 달 치나 밀렸고, 일요일에 밀린 빨래를 한꺼번에 해치우고, 대목이라 주문이 많이 밀릴 수 있죠.

아주 쉽게 정리하면, 막히는 것은 통하지 않는 것이고, 밀리는 것은 언젠가는 통할 수 있는 것입니다.

예를 들어, "아침에 차가 막혀 늦었다"와 "아침에 차가 밀려 늦었다"의 차이를 볼게요.
"아침에 차가 막혀 늦었다"는 아침 출근길에 길이 막혀 그 길로 오지 못하고 돌아오느라 늦었다는 뜻이고, "아침에 차가 밀려 늦었다"는 출근길에 차가 너무 많아 소통이 잘 되지 않아서 늦었다는 말입니다.

오늘은 차가 밀리는 시간을 피해 일찍 들어가세요.

진자리 마른자리 갈아 뉘시고

어제 효도 많이 하셨나요? 효도를 하루만 하는 것은 아니지만.

〈어머니 은혜〉라는 노래에 보면, "나실 제 괴로움 다 잊으시고, ……
진자리 마른자리 갈아 뉘시고" 하는 구절이 있습니다.

어머니가 자식들을 키우느라 고생하시는 것을 나타낸 말입니다.
오늘은 그 이야기를 좀 드릴게요.
'진자리'가 뭐죠? '마른자리', 곧 뽀송뽀송하게 물기가 없는 자리의
반대말이 '진자리'죠?
"아이들이 오줌이나 똥을 싸서 축축하게 된 자리"가 '진자리'입니다.

이 '진자리'에는 다른 재밌는 뜻도 있습니다.
1. 아이를 갓 낳은 그 자리.
2. 오줌이나 땀 따위로 축축하게 된 자리.
3. 사람이 갓 죽은 그 자리.
곧, 사람이 태어난 자리도 '진자리'고, 사람이 죽은 자리도 '진자

리' 입니다.

어떻게 보면 부모님 은혜에 딱 어울리는 낱말이죠.

이 '진자리'는 '부모은중경'(父母恩重經)에 나온 말입니다.
廻乾就濕恩〔회건취습은〕, 마른자리에 아기를 눕히고 젖은 자리에 누우신 은혜를 말합니다.

'부모은중경' 10가지를 소개합니다.
1. 회탐수호은(懷眈守護恩): 품에 품고 지켜주시는 은혜.
2. 임산수고은(臨産受苦恩): 해산함에 고통을 이기시는 은혜.
3. 생자망우은(生子忘憂恩): 자식을 낳고 근심을 잊는 은혜.
4. 연고토감은(咽苦吐甘恩): 쓴 것을 삼키고 단 것을 뱉어 먹이시는 은혜.
5. 회건취습은(廻乾就濕恩): 마른자리 아기 뉘고 진자리 누우신 은혜.
6. 유포양육은(乳哺養育恩): 젖을 먹여 길러주신 은혜.
7. 세탁부정은(洗濯不淨恩): 더러운 것을 깨끗하게 씻어주시는 은혜.
8. 원행억념은(遠行憶念恩): 멀리 떠나면 걱정해주시는 은혜.
9. 위조악업은(爲造惡業恩): 자식을 위해서 궂은일도 마다하지 않으시는 은혜.
10. 구경연민은(究竟憐愍恩): 끝까지 염려하시고 사랑해주시는 은혜.

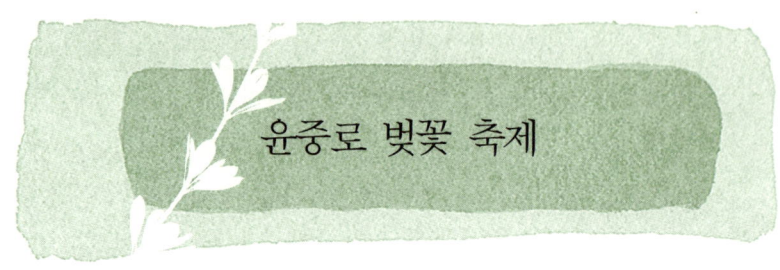

윤중로 벚꽃 축제

사무실 앞에 있는 벚나무가 꽃망울을 터뜨리기 시작했네요. 오늘은 벚꽃 이야기를 해볼게요. 진해 벚꽃이 활짝 피었으니, 이제 곧 여의도 '윤중로 벚꽃 축제'를 한다는 말이 나오겠네요.

제가 대충 아는 내용은 이렇습니다.
1. 벚꽃의 원산지는 일본이 아니라 우리나라와 대만이다.
2. 지금 일본의 벚꽃은 제주도에서 자라난 토종 왕벚꽃을 가져가서 개량한 것이다.
3. 우리나라 꽃이 무궁화라는 것은 대통령령으로 나와 있지만, 일본 나라꽃이 벚꽃이라는 것은 일본 법률에 없다.

따라서 아름다운 벚꽃을 보고 일본 나라꽃이라는 이유로 억지로 싫어하거나 미워하실 필요는 없으실 듯하네요.

다음은 제가 확실히 아는 내용입니다.
'윤중로'는 여의도 국회의사당 뒤편에 있는 둑길입니다.
윤중로(輪中路)는 윤중제(輪中堤)에서 온 말입니다.

'제'는 방죽 제(堤) 자이므로, 윤중제는 윤중방죽이라는 말이 되겠지요.

이제 윤중을 알아보죠.
우리나라 국어사전에는 '윤중'이라는 낱말은 없습니다.
일본사전을 보죠. '輪中'은 わじゅう[와주우]로 "에도시대 물난리를 막기 위하여 하나 또는 여러 마을이 둑으로 싸여 물막이 협동체를 이룬 것"이라고 나와 있군요.
'輪中堤'를 찾아보니, わじゅうてい[와주우테이]로 "강 가운데 있는 섬 주위를 둘러싸게 축조한 제방"이라고 나와 있네요.

이렇게 윤중은 우리말이 아닙니다. 일본말입니다. 그걸 가져다 우리는 '윤중'이라고 그냥 읽은 겁니다. 거기에 길을 내놓고 윤중로(輪中路)라 하고…….

제가 알기에, 산에서 내려오는 강어귀에 마을이 있거나 하여 강물이 불면 그 물에 마을이 잠기므로 마을 둘레에 둑을 쌓아 물을 막는데, 그 둑이 바로 '방죽'입니다.
따라서 여의도 국회의사당 뒤편에 있는 둑길은 '방죽'에 난 '길'입니다. 일본어 찌꺼기인 윤중로가 아니죠.
1986년 서울시가 윤중제를 '여의방죽'으로 고친 것으로 알고 있습니다. 거기에 있는 길은 윤중로가 아니라 여의방죽길이겠죠. 그런데 왜 방송에서는 여전히 여의방죽이나 여의방죽길, 여의둑길로 안 쓰고 윤중로를 쓰는지 모르겠습니다.

제가 아는 낱말 몇 개를 소개합니다.

방죽: 물이 밀려들어 오는 것을 막기 위하여 쌓은 둑.

둑: 높은 길을 내려고 쌓은 언덕.

둔치: 물가의 언덕.

섬둑: 섬의 둘레를 둘러쌓은 둑.

◆보태기

1. 저는 우리나라를 사랑합니다. 오늘 편지의 주제는 벚꽃을 사랑하고, 벚꽃을 보고 즐기자는 게 아니라, '윤중'이나 '윤중로'를 쓰지 말자는 겁니다.
2. 국립국어원의 『표준국어대사전』에 윤중제가 실려 있는데, "강섬의 둘레를 둘러서 쌓은 제방"이라 풀어놓고, '둘레 둑', '섬둑'으로 다듬었습니다.
3. 어제 인터넷 뉴스에서 보니, 우리나라 대단위 벚꽃나무들이 일본의 교묘한 문화침탈의 일환으로 심어졌다는 기사가 있었습니다.

오구탕

벌써 금요일입니다.

지지난주에는 전남 해남, 구례를 다녀왔고, 지난주에는 충남 아산을 다녀왔고, 내일은 강원도 횡성에 갑니다. 주말에 친구들과 놀러가기로 했거든요. 오랜만에 친한 사람들과 재밌게 놀 수 있겠네요.

오늘은 좋은 우리말 하나 소개할게요.

'오구탕'이 뭔지 아세요?
설렁탕, 갈비탕, 보신탕은 알아도 '오구탕'은 처음 들어보시죠?
설렁탕에서 탕(湯)은 '국'의 뜻을 더하는 끝가지(접미사)지만, 오구탕은 이런 국과 아무 관계가 없는 순 우리말입니다.
오구탕은 "매우 요란스럽게 떠드는 짓"을 말합니다. '날이 훤할 때까지 그 조그만 방 속에서 오구탕을 치는 통에……' 처럼 씁니다.

아마도 이번 주말에 친구들과 제가 오구탕을 치며 놀 것 같습니다.
여러분도 주말 잘 보내세요.

거시기

오랜만에 국회에서 웃음소리가 들렸다고 하네요. 근데 저는 그 웃음이 오히려 씁쓸합니다.

한 국회의원이 법무부 장관을 상대로 대정부질의를 하면서, 16대 대통령 선거 과정에서 불법 정치자금을 받은 썩은 정치인을 봐주자는 말도 안 되는 소리를 하자, 법무부 장관은 대통령이 알아서 할 일이라면서 즉답을 피했고, 이에 그 국회의원이 계속해서, "법무부 장관이 건의하면 좀 거시기한지……"라고 되물어 본회의장에 폭소가 터졌다고 하네요.
이를 받은 장관도 "거시기란 말이 그렇습니다마는 하여간 저도 거시기에 대해 생각 좀 해보겠습니다"라고 말해 본회의장은 웃음바다가 됐다고 하고…….

웃는 게 좋긴 한데, 제가 씁쓸한 맛을 느끼는 까닭은 이렇습니다.
첫째, 그런 썩어빠진 정치인들을 봐주자는 말을 아무렇지 않게 하는 국회의원이나, 그런 것도 기사라고 방송에 내는 기자나 정말 무슨 생각을 하고 사는지 모르겠습니다.

  둘째, '거시기'라는 말을 하자 왜 웃었는지 모르겠네요. '거시기'는 표준말입니다. 흔히들 생각하시는 것처럼 전라도 지역에서 쓰는 사투리가 아닙니다. 이름이 얼른 생각나지 않거나 바로 말하기 곤란한 사람 또는 사물을 가리키는 대이름씨(대명사)입니다. 어엿한 표준말입니다.

  앞에서 말한 대로 '거시기'가 "바로 말하기 곤란한 사물"을 말하는 뜻도 있는데요. 구체적으로는 '남자의 성기'를 말하죠. 그걸 직접 거론하기 민망하여 그 대신 '거시기'를 쓴 것뿐입니다. 그게 굳어져서 '거시기'를 남자의 '고추'로만 생각하는 거죠.

  '거시기'는 "이름이 얼른 생각나지 않거나 바로 말하기 곤란한 사람 또는 사물"을 가리키는 대이름씨입니다. 잘 살려 써야 할 아름다운 우리말입니다.

봉우리/봉오리

점심 먹고 사무실 앞에 있는 벚꽃 봉오리를 보고 이야기를 나누는 분이 많으시네요.

봉우리라고 하시는 분도 있고, 봉오리라고 하시는 분도 있고, 망울이라고 하시는 분도 있고.

우리말에서, '-오'는 양성모음으로 귀엽고 작은 형상을 나타낼 때 많이 쓰고, '-우'는 음성모음으로 크고 우람한 형상을 가리킬 때 많이 씁니다.

'오밀조밀'한 작은 것을 생각하시고, '우와~ 크다'를 생각하시면 기억하시기 쉬울 겁니다.

이에 따라, 꽃처럼 작은 것은 '봉오리'라고 하고, 산처럼 큰 것은 '봉우리'라고 합니다.

꽃봉오리, 산봉우리가 맞는 거죠.

'꽃봉오리'의 준말이 '봉오리'인데, '몽우리'와 같은 말입니다.

'망울'도 '꽃망울'과 같은 말입니다.

정리하면, "산에서 뾰족하게 높이 솟은 부분"은 '산봉우리'라고 하고, "망울만 맺히고 아직 피지 아니한 꽃"은 꽃봉오리, 봉오리, 몽우리, 망울, 꽃망울 가운데 어떤 것을 쓰셔도 됩니다.

꽃 이야기 조금만 더 할게요.
요즘 산에 진달래가 많이 피어 있죠?
진달래가 만개한 게 아니라, 활짝 핀 거죠.

진달래와 철쭉을 구별하는 방법 아세요?
아주 쉽습니다.

진달래와 철쭉은 모두 철쭉과 식물이라 비슷하긴 한데요. 잎이 없이 꽃이 핀 것은 진달래, 꽃과 잎이 같이 핀 것은 철쭉이라고 보시면 됩니다.
이젠 확실히 가르실 수 있겠죠?

촌지

저는 웬만하면 우리말 편지를 하루에 두 번 보내지 않으려고 저 나름대로 노력합니다.
그러나 오늘은 꼭 하고 싶은 말이 있어서 또 보냅니다.

어젯밤 뉴스에서 한 여교사가 학부모 앞에서 무릎을 꿇은 것을 봤습니다. 인터넷 뉴스에서 보니, 아이가 점심을 늦게 먹었다고 벌을 주고 반성문까지 쓰게 했다는 이유로, 학부모가 선생님의 집에 찾아가 따지고, 학교 안에서 기어코 선생님 무릎을 꿇게 했군요. 가슴이 답답해집니다.
꼭 그렇게까지 해야 했을까요? 군사부일체를 떠나서 스승이고 선생님인데. 이런 사실을 아는 학생들은 얼마나 당황할까요.

선물 사기 어렵다고 어린이날을 없앨 수 없고, 고향에 계신 부모님께 가기 힘들다고 어버이날을 없앨 수 없지요? 그러나 며칠 전 우리는, '촌지'가 무서워 스승의 날에 학교 문을 걸어 잠갔습니다. 우리가 어쩌다 이 지경이 되었는지 모르겠네요.

"마음이 담긴 작은 선물"을 '촌지'라고 합니다.

'촌지'는 (손가락) 마디 촌(寸) 자와 뜻 지(志) 자를 써서, 한자 그대로 풀이하면 "손가락 마디만 한 (작은) 뜻"입니다.

아주 작은 정성 또는 마음의 표시를 말하죠. 저는 그런 정성을 선생님께 표시하는 것은 좋다고 봅니다. 아니 당연히 그런 정성을 가져야죠. 다만, 그게 돈이어서 문제지요.

이 '촌지'(寸志, すんし[슨시])는 일본어투 한자말입니다.

'작은 정성'이나 '작은 선물'이라고 바꿔서 써야 합니다.

『표준국어대사전』에 따르면, '촌지'를 "정성을 드러내기 위하여 주는 돈. 흔히 선생이나 기자에게 주는 것을 이른다"라고 풀어놓고, 아직 우리말로 다듬지는 않았습니다.

'촌지'라는 낱말도 없어지고, 더불어 돈을 넣은 '촌지'도 없어지길 빕니다. ❀

◆ 보태기 ─────────────────────────────

저는 개인적으로 교사라는 직업을 참 좋아합니다. 그래서 그런지 유난히 선생님을 존경하죠. 한때나마 교직에도 있었고요. 지금 여든이 넘으신 초등학교 담임선생님도 찾아뵙고 있습니다.

이런 제가, 무릎 꿇은 선생님을 보니 무척 당황이 되네요. 속도 쓰리고요.

이럴 때 쓰는 말이, 애끓고, 애끊는 아픔이겠죠.

우리가 어쩌다가 여기까지 오게 되었죠?

녹차 한 잔 드세요

내일이 절기로 '곡우'네요. 봄비가 내려 백곡이 윤택해진다는 '곡우'. 농가에서는 못자리를 마련하며 한 해 농사를 준비하는 시기입니다. 저는 이 '곡우'에 녹차가 가장 먼저 떠오릅니다.

여러분 녹차 좋아하세요?
오늘은 우리말이나 맞춤법 말고 녹차 이야기 좀 해볼게요.

녹차 종류에는 우전, 세작, 작설, 죽로 따위가 있는데요. 그 이름마다 다 뜻이 있습니다.

가장 좋은 품질의 녹차가 우전인데, 이 우전은 곡우(穀雨, 4월 20일 ~21일) 전(前)에 딴 아주 어린 찻잎 순으로 만든 차를 말합니다. 지금쯤 찻잎을 따서 녹차를 만들면 그게 바로 '우전'입니다.
'세작'은 가늘 세(細) 자와 참새 작(雀) 자를 써서, 곡우에서 입하(立夏)쯤에 가늘고 고운 차나무 순과 펴진 잎을 따서 만든 차를 말합니다.
'중작'은 입하 이후 잎이 좀더 자란 뒤 펴진 잎을 따서 만든 차를 말하며, '대작'은 한여름에 생산하는 차를 말합니다.

작설차 많이 들어보셨죠? 이것도 녹차인데요. 작설차는 찻잎이 참새[雀]의 혀[舌]를 닮았다고 하여 붙인 이름입니다.

죽로는 대나무의 이슬을 먹고 자란 차라는 뜻이고, 감로는 달 감(甘) 자와 이슬 로(露) 자를 써서, 첫 이슬이 내릴 때 딴 순으로 만든 차를 말합니다.

이 밖에도 '반야'는 예로부터 내려오는 나름의 방법으로 만든 차를 말하고, '유비'는 유기농법으로 재배해서 만든 차를 말합니다.

찻잎 모양이 매의 발톱과 닮았다고 해서 '응조차', 찻잎 모양이 보리를 닮았다고 해서 '맥과차'라고 불리는 차도 있습니다.

끝으로, '오룡차'는 차 색깔이 까마귀[烏]처럼 검고, 찻잎 모양이 용(龍) 모양으로 굽어졌다고 해서 붙은 이름입니다.

차 이름을 알고, 차를 마시면 그 맛이 훨씬 좋겠죠?
저도 지금 녹차를 마시면서 이 글을 쓰고 있습니다.

◆ 보태기
'오룡차'(烏龍茶)는 중국식 발음에 따라 '우롱차'라고 하고 사전에도 '우롱차'가 올라 있습니다.

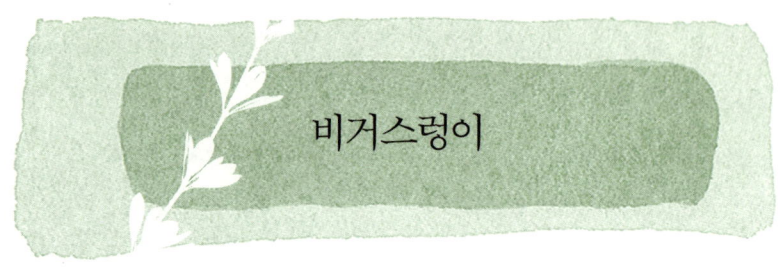

비거스렁이

토요일이라고 우리말 편지를 보내지 않았더니 몸이 근질근질하네요. 기어코 우리말 하나 보내야 제 맘이 편할 것 같습니다.

편지를 시작하기 전에, 먼저, 가끔 우리말 편지에 있는 내용을 컴퓨터에서 복사하고자 하는데 안 된다는 분이 계십니다. 예전에 복사하는 방법을 말씀드렸는데, 오늘 또 말씀드려야겠네요.

제가 보내드리는 우리말 편지는, 무슨 거창한 저작권이 걸려 있는 것도 아니고, 특별하고 높은 지식이 들어 있는 것도 아닙니다. 누구든지 돌려보실 수 있습니다.
혹시 개인적으로 쓰는 누리집이 있으면 그곳에 올리셔도 됩니다. 맘껏 쓰시되 출처는 밝혀주세요.

편지 내용을 복사하실 때는, 마우스나 키보드를 써서 복사하시고자 하는 내용을 블록으로 만드신 후, 마우스 왼쪽 단추를 눌러 메뉴를 불러내지 마시고, 그냥 'Ctrl+C'만 누르시면 블록으로 지정한 부분이 복사됩니다. 그 후, 붙이시고 싶은 곳에 가셔서 'Ctrl+V'를 누르시면 됩니다.

오늘 이야기 시작하죠.

지금 비가 오죠? 비가 오니 좀 춥네요.
오늘은 비와 관련된 멋진 우리말 하나 소개해드릴게요.
'비거스렁이'라는 말인데요.
"비가 갠 뒤에 바람이 불고 기온이 낮아지는 현상"을 말합니다.
'비가 그치고 난 뒤, 비거스렁이를 하느라고 바람이 몹시 매서웠다/ 초가 굴뚝에선 저녁 청솔가지 연기가 비거스렁이에 눌려 안개처럼 번져나가고 있었다' 처럼 씁니다.
또 '지금 밖은 비거스렁이하는 중이니 옷을 단단히 입어라' 처럼 말할 수도 있겠죠.

우리말 편지를 받으시는 여러분도, 오늘 비거스렁이할지 모르니 옷 잘 챙겨 입으세요.

고양꽃박람회 직진 200M?

주말 잘 보내셨죠? 저는 고양꽃박람회에 다녀왔습니다. 금요일 저녁에 가서 이틀간 퍼지게 놀다 돌아왔습니다.

고속도로를 달리면서 생각한 건데요. 한국도로공사에서 만든 도로 표지판에 있는 거리 표시는 단위가 정확합니다. 그러나 다른 곳에서 만든 표지판의 단위는 틀린 게 참 많습니다.

오늘은 그 단위에 대해서 말씀드릴게요.
'단위' 하면 할 말이 많은데, 차분히, 천천히 풀어가기로 하고, 오늘은 쉬운 것만 할게요.

놀러 가는 길에, '고양꽃박람회 좌회전 3.2km'라고 표시된 간판이 있었고, '고양꽃박람회 직진 200M'라고 된 간판도 있었습니다.
앞에 있는 것은 고속도로에 있는 간판이고, 뒤에 있는 것은 고양시에서 만든 간판입니다.
뭔가 이상하지 않으세요?

우리는 흔히, 길이를 나타내는 단위로 미터를 씁니다. 그 미터를 'M'으로 표시하는 경우가 있는데요. 단위에서 'M'은 10의 6승인 메가를 뜻합니다. 컴퓨터 하드 용량이 500메가일 경우, '500M'로 표시하죠.

길이의 단위인 미터는 'M'가 아니라, 'm'입니다.
킬로미터도 'KM'가 아니라 'km'입니다.

우리나라는 2000년 12월에 만든 국가표준기본법에서 SI(국제단위계) 단위를 법정단위로 채택했습니다.
그 법에 따라, 미터를 길이 측정단위로 쓰게 된 겁니다. 그에 대한 자세한 내용은 다음 기회에……
어쨌든 길이를 나타내는 미터는 대문자 'M'으로 쓰지 않고, 소문자 'm'으로 쓴다는 것, 꼭 기억해두세요.

제가 근무하는 사무실 입구에도, '공사현장 300M'라는 간판이 있습니다. 명색이 공학을 다룬다는 연구소 앞에 그런 간판이 버젓이 놓여 있으니 이를 어찌해야 할지…….

◆ 보태기
무게 단위도 'KG'이나 'G'이 아니라 소문자 'kg'이나 'g'으로 씁니다.

달갑지 않은/않는 비

오늘 비가 온다네요. 요즘은 농사가 막 시작되는 철이긴 하지만 비는 별로 필요하지 않습니다. 달갑지 않은 비죠.

여기서 달갑지 '않는' 비가 맞을까요, 아니면 달갑지 '않은' 비가 맞을까요?

'않는' 과 '않은', 많이 헷갈리셨죠?
확실하게 가르는 법을 알려드릴게요.
앞에 오는 말이 움직씨(동사)일 경우, '은'은 과거, '는'은 현재!
이것만 외우시면 됩니다.

"눈도 깜짝거리지 않는 초병"과 "눈도 깜짝거리지 않은 초병"은 뜻이 다릅니다.
초병의 현재 모습이 눈도 깜짝거리지 않으면, '않는'을 쓰고, 과거의 모습을 나타낸 것이라면, '않은'을 쓰시면 됩니다.
곧, 움직씨 어간에 '은'이 붙으면 과거, '는'이 붙으면 현재를 나타냅니다.

움직씨 뒤에 오는 '는'과 '은'은 그렇게 구별하고, 그림씨(형용사) 뒤에는 무조건 '은'을 쓰시면 됩니다.

"눈에 넣어도 아프지 않은 딸!"
이 경우에는 '은'을 쓰죠.

높지 않은/깊지 않은/향기롭지 않은/맑지 않은…….
이런 경우는 모두 '않은'을 씁니다. 앞이 그림씨이므로.
따라서 '달갑다'가 그림씨니까, '달갑지 않은 비'가 맞죠.

아무리 그렇다손 치더라도, 제 딸을 제 눈에 넣을 수 있을까요?
아무래도 많이 아플 것 같은데…….
"눈에 넣기에는 너무 큰 딸!"

오늘도 행복하게 지내시고, 많이 웃으세요.

겹말

오늘도 날씨가 참 좋다네요. 말 그대로 화창한 봄 날씨입니다.

오늘은 겹말에 대해서 이야기해볼게요.

겹말은 같은 뜻의 말이 겹쳐서 된 말로, '처(妻)의 집'을 뜻하는 '처가'(妻家)에 다시 '집'을 붙인 '처갓집', '오래 묵은 나무'를 뜻하는 '고목'(古木)에 '나무'를 붙여서 '고목나무'라고 하는 것 따위입니다. 역전앞도 마찬가지죠.

이런 겹말은 되도록 쓰지 않는 게 좋습니다.

몇 가지 보기를 들어보죠.
- 판이하게 다르다: 판이(判異)가 비교 대상의 성질이나 모양, 상태 따위가 아주 다르다는 뜻이므로, 뒤에 '다르다'를 붙이면 안 됩니다. 그냥 '판이하다'고 하면 됩니다.
- 결실을 맺다: 결실(結實)은 식물이 열매를 맺거나 맺은 열매가 여물다는 뜻이므로 뒤에 '맺다'를 붙이면 안 됩니다.
- 피해를 입다: 피해(被害)는 생명이나 신체, 재산, 명예 따위에 손해를 보다라는 뜻이므로, 뒤에 '입다'를 붙이면 안 됩니다.

- 남은 여생: 여생(餘生)이 남은 생이므로, 앞에 '남은'을 붙이면 안 됩니다.
- 과반수가 넘는: 과반수(過半數)에 이미 반을 넘다는 뜻이 들어 있으므로, 뒤에 '넘는'을 붙일 필요가 없습니다.
- 말로 형언할 수 없다: 형언(形言)은 형용해 말하다라는 뜻이므로 앞에 '말'을 붙일 필요가 없습니다.
- 옥상 위에: 옥상(屋上)이 지붕 위라는 뜻이므로 뒤에 '위에'를 붙이면 안 됩니다. 더군다나 옥상은 일본어에서 온 말입니다.
- 사전에 예방하다: 예방(豫防)이 미리 대처하여 막는 일이므로, 앞에 '사전'을 붙일 필요가 없습니다.
- 간단히 요약하면: 요약(要約)이 요점을 잡아 간추린다는 뜻이므로, '간단히'를 붙이면 안 됩니다.

이 밖에도, '계약을 맺다/따뜻한 온정' 따위도 모두 겹말입니다. 앞에서 보셔서 아시겠지만, 이렇게 써서는 안 되는 겹말은 모두 한자어입니다. 어쭙잖게 한자를 섞어 쓰려고 하다 보니 말이 겹치게 된 겁니다. 그냥 쉬운 우리말로 쓰면 될 것을. 그러나 언어가 살아 있다 보니, 사람들이 자주 쓰면 어느덧 표준어가 되고, 사전에도 실립니다. 처갓집, 고목나무, 단발머리 따위는 겹말이지만, 관용으로 허용하여 국어사전에 표제어로 올라 있습니다.

그렇지만 누가 뭐래도 간결하고 명료한 글이 설득력이 있다는 점은 확실합니다.

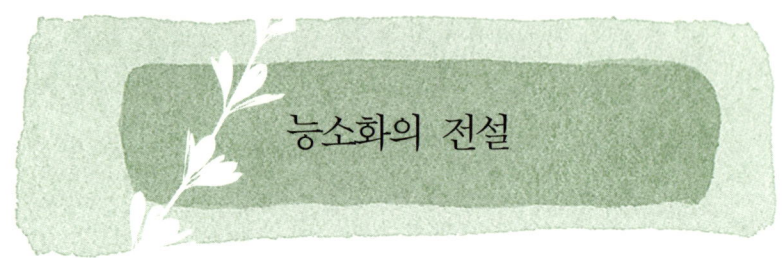

능소화의 전설

제가 농사를 짓다 보니, 농업이나 자연에 관심이 많습니다. 그래야 먹고사니까요.

지난 주말에 정읍에 갔다가 잠시 김제를 들렀는데요. 그곳에서 능소화를 봤습니다. 한 시골집 사립에 걸려 있더군요. 그 능소화를 보니 불쌍한 한 여인이 생각나더라고요.

오늘은 그 능소화에 얽힌 전설이나 이야기해볼게요.

옛날, 옛날, 호랑이 담배 피우던 시절, 어느 날 속없는 임금이 행차하는데 한 마을에 어여쁜 처자가 있는 겁니다. 이 임금은 그 처자를 불러 며칠간 꿈같은 시간을 보냈죠. 그리고 그 마을을 떠나면서 해서는 안 될 말 한 마디를 남겼답니다.

"내가 궁궐로 돌아가면서 너를 데려갈 터이니 그동안 몸조심하고 기다리고 있어라."

그냥 떠나기 아쉬워서 남긴 이 한 마디만 믿고 그 처자는 날이면 날마다 마루 끝에 나와 임금이 데리러 오기만을 기다렸죠.

그러나 당연히(?) 임금은 그 약속을 잊어버렸고, 그 처자는 하염없이 임금을 기다리다 결국에는 죽고 말죠. 그 처자의 이름이 소화입니다.

옛이야기는 이런데, 능소화가 가진 여러 가지 특징 때문에 이런 이야기가 생겨난 거겠죠.

이 능소화는 몇 가지 특징이 있습니다.
먼저, 능소화는 흔히 양반꽃이라고 하는데요. 그 이유는 능소화의 전설에 나오듯이 임금을 기다리는 한 여자의 정조가 있으므로, 옛날 양반들이 자기 집 딸이 간택받기를 바라는 마음에서 집 안에 능소화를 심었습니다.
당연히 일반 평민들이 집에 능소화를 심다 걸리면, 그놈의 양반들에게 죽도록 얻어터졌겠죠.
두 번째 특징은, 꽃이 떨어지는 시기입니다.
일반적으로 대부분의 꽃은 꽃망울이 맺히고 거기서 꽃을 피워 아름다운 자태를 한껏 뽐낸 뒤, 꽃이 시들해지면 떨어지게 되는데요. 이 능소화는 그렇지 않습니다.
아름다운 사태를 가진 처사가 시아비 임금을 기나리나 죽은 꽃이기 때문에 일반 꽃과는 좀 다릅니다. 능소화는 꽃망울이 맺혀 꽃이 피고 한껏 아름다움을 뽐낼 때, 꽃이 뚝 떨어집니다. 꽃이 시들기 직전에, 아름다움을 한창 간직한 채 온몸을 던지는 거죠.
가슴 아프죠?
세 번째 특징은, 능소화가 가진 독입니다.
한 여자가 자신의 뜻을 이루지 못하고, 지아비 임금을 보지 못한 채

한을 간직하고 죽은 꽃이기 때문에, 꽃 속에 독이 있습니다. 그 꽃을 만진 손으로 눈을 비비면 눈이 멀 정도로 강한 독이죠. 여자의 한이랄까…….

네 번째 특징은(특징이라 하기는 좀 그렇지만), 긴 시간 동안, 오랫동안 꽃을 피운다는 겁니다. 하긴, 100일 동안 꽃을 피워 백일홍이라고도 하는 배롱나무도 있지만, 이 능소화도 꽃을 오랫동안 피웁니다. 시들지 않은 아름다운 자태로 임금을 오랫동안 기다리고 있는 거죠.

한여름 긴 시간 동안 우리들 눈을 기쁘게 해주는 능소화에도 이런 슬픈 전설이 있답니다.

능소화가 어떤 꽃인지 궁금하시죠?
김제에서 찍은 능소화 사진을 올립니다.
꽃을 보시면, "아, 이 꽃!" 하고 금방 아실 겁니다.

위하여, 대하여, 인하여, 통하여

우리글을 다룬 여러 가지 책을 보면, 한결같이 '위하여, 대하여, 인하여, 통하여'는 일본말 표현이니 될 수 있으면 쓰지 말라고 나와 있습니다. 저도 개인적으로, '-인하여'는 '-때문에'로 고쳐 씁니다. 그러나 '위하여, 대하여, 통하여'는 마땅히 고칠 말이 생각나지 않더군요. 그래서 국립국어원에 알아봤습니다.

먼저, 제가 보낸 질문입니다.

> 안녕하세요. '위하여, 대하여, 통하여, 인하여'는 일본어투로 알고 있는데, 맞나요?
> 일본말이라면, 우리말로 어떻게 바꾸는 것이 좋을까요? '-인하여'는 '-때문에'로 바꾸면 될 것 같은데, '위하여, 대하여, 통하여'는 어찌 바꿔야 할지. 고맙습니다.

국립국어원 답변입니다.

'위하다', '대하다', '통하다', '인하다'가 일본어라는 확실한 근거는 없는 것으로 보입니다. 이들은 각각 한자 '爲', '對', '通', '因' 등에 '-하다'가 결합한 것으로, '위하여', '대하여', '통하여', '인하여'와 같이 활용하는 형태입니다. 이들 중 '인하여', '대하여', '위하여' 등은 1447년의 〈석보상절〉과 같은 중세 문헌에서도 그 보기가 보이고 있으므로 이것이 일본어라고 하기에는 무리가 있어 보입니다.

도대체 누구 말이 맞는지……. 그래도 저는 개인적으로 '인하여'는 쓰지 않으렵니다. 왠지 찜찜해요. '위하여, 대하여'는 마땅히 바꿀 말이 생각나지 않아서 일단은 그냥 쓰고, '통하여'는 안 써도 될 말 같아서 안 쓰고요.

여러분은 알아서 하세요.

참고로, 임태섭, 이원락 두 분이 쓴 『보도언어론』이라는 책에 보면, 영어 전치사와 일본식 조사의 영향을 받은 표현으로 다음을 꼽았습니다.

① '-에 의하여, -의해서, -에 의하면', '-로 인하여', '-를 통하여'
② '-에 있어서, -에게 있어서'
③ '-의, -와의, -과의, -에의, -에서의, -로의, -로서의'
④ '-(으)로부터'
⑤ '다름 아니다' ❦

궁색한/군색한 변명

오늘도 여전히 날씨가 좋군요.

아침에 출근하면서 논에 다녀왔습니다. 얼마 전에 모판에 뿌린 볍씨가 잘 자랐는지 보러 갔는데, 잘 자랐더군요. 달포쯤 후에 모내기하기에 딱 좋게 잘 자랐습니다.

아침부터 기분이 좋네요.

오늘은 변명 이야기입니다.

실은 제가 며칠 전에 친구와 저녁을 같이 먹기로 약속을 했는데, 다른 일 때문에 그 약속을 못 지켰습니다. 어제 그 친구가 전화해서 그걸 따지는데, 할 말이 없더군요.

뭐라고 잘 기억도 안 나는 변명을 늘어놓긴 했지만, 제가 봐도 군색한 변명이더군요.

흔히 '궁색한 변명'이라는 말을 많이 쓰는데요. '궁색하다'와 '군색하다'는 다른 말입니다.

'궁색하다'는 "몹시 가난하다"라는 뜻으로, '궁색한 집안/어머니는 아버지가 돌아가신 후 궁색한 살림을 꾸려나가셨다' 처럼 씁니다.

'군색하다'는 뜻이 두 가지인데요.
하나는 "필요한 것이 없거나 모자라서 딱하고 옹색하다"라는 뜻으로, '군색한 집안 형편' 처럼 씁니다.
다른 하나는 "자연스럽거나 떳떳하지 못하고 거북하다"라는 뜻으로, '군색한 표현/군색한 변명을 늘어놓다' 처럼 쓰지요.

제가 어제 늘어놓은 자연스럽지도 떳떳하지도 못한 변명은, 궁색한 변명이 아니라, 군색한 변명입니다.
되도록이면 그런 군색한 변명을 늘어놓는 상황에는 처하지 않아야 하는데…….

부장님! 과장 없는데요

방금 제가 근무하는 회사에서 연세가 꽤 많으신 분과 같이 점심을 먹고 왔습니다.

나이 차이가 많이 나는 선배님과 잘 어울리면 도움이 되는 게 참 많습니다. 이것저것 인생살이도 배우지만, 결정적으로 제가 돈 낼 일이 없잖아요.

오늘 점심 사주신 선배님, 고맙습니다.

오늘은 우리말 이야기가 아닌 다른 이야기 좀 해볼게요. 존댓말이랄까……

여자들이 남자들에게서 듣기 싫어하는 이야기 세 가지가 뭔지 아시죠? 세 번째는 축구 이야기고, 두 번째는 군대 이야기며, 첫 번째는 군대에서 축구 경기를 한 이야기라면서요?

오늘은 군대 이야기로 시작해보겠습니다.

남자 분들 군대에서 한 번쯤 지적받았던 게 호칭일 겁니다.

저는 해남에서 해변대(?)를 나왔는데요.

어느 날 중대장님이 소대장님을 찾기에, "소대장님은 지금 은행에 가셨습니다"라고 씩씩하게 말씀드렸는데, 그 말이 채 끝나기도 전에 뭔가 묵직한 게 정강이를 스치면서 온몸으로 2만 볼트 전기가 통하더군요.

며칠 뒤 그 소식을 들은 소대장이 친절하게도 제가 얻어터진 까닭을 설명해줬습니다. 윗사람(소대장)을 그보다 더 윗사람(중대장)에게 지칭할 때는 존칭을 쓰지 않는다고.

그래서 중대장님께는, "소대장님은 지금 은행에 가셨습니다"라고 하면 안 되고, "소대장은 지금 은행에 갔습니다"라고 말해야 한다고.

그 뒤로 그 말을 철석같이 믿고 살아왔는데……. 어쩌나, 이게 일본의 잔재라네요.

우리 고유의 말법에서는, 일터에서 윗사람을 그보다 더 윗사람에게 지칭하는 경우에 '님'과 '-시-'를 모두 넣어 "부장님, 과장님은 잠깐 외출하셨습니다"라고 하는 것이 옳습니다.

버릇 없이, "부장님! 과장 나가고 없는데요"라고 하면 안 됩니다.

제가 해변대에 있을 때 중대장님께 답변한 게 맞았던 거죠.

잘 알지도 못하면서 일본 잔재에 물들어 남의 정강이나 까고. 그 중대장은 어디서 뭐하는지……. 그래도 보고 싶네요.

이왕 말 나온 김에 잘못 알고 있는 말 하나만 더 짚고 넘어가죠.

바로 '말씀'입니다.

'말씀'은 "부장님 말씀대로 하겠습니다"처럼 남의 말을 높여 이르는 말입니다.

이건 누구나 아시죠.

그런데 이 '말씀'은 "부장님께 말씀드리겠습니다", "소장님, 제 말씀은"처럼 상대방을 높이면서 자기가 하는 말을 낮출 때도 씁니다.

흔히 이런 경우에 자기가 하는 말을 '말씀'이라고 표현하면 예의에 어긋나지 않을까 걱정하시는데, 이는 잘못된 생각입니다. 윗사람에게 말할 때 자기가 하는 말에 '말씀'을 쓰는 것이 바른 예절입니다.

참고로, 『표준국어대사전』에 나온 '말씀'의 뜻을 덧붙입니다.
첫 번째는 남의 말을 높여 이르는 말이고, 두 번째는 자기의 말을 낮추어 이르는 말이라고 확실하게 명토 박아두었습니다.

말씀[말:-]
1. 남의 말을 높여 이르는 말.
(보기) 선생님의 말씀대로 저는 집으로 돌아가겠습니다.
　　　　아버님 말씀도 옳으신 데가 있어요.
　　　　성경 말씀에 따라서 당신의 뜻에 순종해왔습니다.
2. 자기의 말을 낮추어 이르는 말.
(보기) 말씀을 올리다/말씀을 드리다 ●

◆ 보태기

대한민국 군대에 '해변대'는 없습니다. 저는 해안가에서 방위병으로 근무했는데 '해병대'에 빗대 '해변대'라고 썼습니다.

그리고 나서/그러고 나서

오늘도 여전히 논에 나가서 모내기 뒷정리를 해야 합니다. 저는 논일 할 때 노란 물장화를 신지 않습니다. 그게 건강에 좋을 듯해서요. 저처럼 무좀이 있는 사람은 맨발로 논에 들어가면 참 좋습니다.

요즘 모내기철입니다. "모를 못자리에서 논으로 옮겨 심는 일"인 모내기를 하기 전에 먼저 논을 고르죠. 그게 바로 '써레질' 입니다.

모내기는 써레로 논바닥을 고르거나 흙덩이를 잘게 부수고, 그리고 나서 그 위에 모를 심는 거죠. 맞죠?

농사일의 순서는 맞는데, 맞춤법은 틀렸네요.

흔히 '그리고 나서'를 쓰는 분들이 많습니다.
'그리고'에 '나서'를 붙여 '그리고 나서'라고 쓰는 것은 잘못입니다.
'그러고 나서'라고 써야 합니다.

'그러고 나서'의 '그러고'는 '그리하고'의 준말이고, '나서'는 보조동사 '나다'를 활용한 형태죠. 여기서 '나다'는 '일을 끝내고 나니 홀가분하다'처럼 '-고 나다'의 구성으로 쓰여, 앞말이 뜻하는 행동이 끝났음을 나타냅니다.

'저러고 나서', '이러고 나서'는 어떨까요?
'저러다'는 '저리하다', '이러다'는 '이리하다'의 준말입니다. 둘 다 움직씨이므로 '-고 나다'가 붙어도 문제가 없습니다.

그러나 '그리고'는 동사가 아니라 접속부사이므로 '그리고 나다'의 형태로 쓸 수 없습니다.
'써레질을 했다. 그리고 나서 모내기를 했다'에서, 죽어도 '그리고'를 살려 쓰고 싶다면, 뒤에 오는 '나서'를 빼면 됩니다. '써레질을 했다. 그리고 모내기를 했다'처럼 쓰시면 되죠.

하긴 '그리고 나서'가 통할 데가 있긴 있네요.
'(그림을) 그리고 나서'는 말이 되네요.
지금 설명하는 내용과는 아무런 상관이 없지만…….

이번 주 초면 어느 정도 모내기 작업이 끝납니다.
일을 얼른 마치고, 그리고 나서 좋은 곳에 가서 곡차나 한잔하고 싶네요. 🍀

컷/커트

평소에 야한 생각을 많이 하면 머리카락이 빨리 자란다는데, 제가 그런가 봅니다. 저는 보름마다 머리를 손질해주지 않으면 거의 '부시맨'이 되거든요. 오늘은 시간 내서 이발이나 좀 해야겠습니다.

여러분은 어디에서 머리를 자르세요? 저는 늘 미용실이 아닌 이발관에서 머리를 자릅니다. 그곳에 가면 안면 면도를 해주거든요.

머리를 자른다고 하니까 생각나는 것인데요. 미용실에서 머리를 자르는 것을 영어로 'cut'이라고 하죠. 이것을 외래어표기법에 맞게 한글로 쓰면 어떻게 될까요?

'커트'가 맞을까요, '컷'이 맞을까요?

둘 다 맞습니다. 다만, 쓰임이 다릅니다.

"전체 가운데에서 일부를 잘라내는 일, 미용을 목적으로 머리를 자르는 일 또는 그 머리의 모양, 정구·탁구·골프 따위에서 공을 옆으로 깎아 치는 방법, 야구에서 타자가 투수가 던진 공을 잡아채듯이 치는 일, 농구 등에서 상대방의 공을 가로채는 일"이라는 뜻일 때는 '커트' 가 맞습니다.

반면에, "영화, 텔레비전 등의 촬영에서 한 대의 카메라가 찍기 시작했을 때부터 회전을 끝낼 때까지의 하나의 장면, 인쇄물에 넣는 작은 삽화, 촬영할 때에 촬영기의 회전을 멈추거나 멈추도록 하는 신호, 영화의 편집, 검열을 할 때에 필름의 일부분을 잘라내는 일"이라는 뜻일 때는 '컷' 이 맞습니다.

헷갈리시죠?

국어학자들이 이렇게 해놓으니 욕을 듣죠. 하긴, 그 사람들도 현실을 외면할 수 없는 아픔이야 있었겠지만…….

이처럼 같은 외래어일지라도 쓰임에 따라 표기를 달리 써야 하는 보기가 또 있습니다.

'type' 과 'trot' 입니다.

type은 어떤 부류의 형(型)이라는 뜻일 때는 '타입' 이고, 타이프라이터의 준말로 쓰일 때는 '타이프' 입니다.

영어 trot은 움직씨로 속보로 달리다, 이름씨로 속보…… 등의 뜻이 있습니다. 말이 경쾌하게 달리는 것을 뜻하죠. 이 뜻이 변해서 가요 트로트가 나온 것 같기도 합니다, 제 생각에.

어쨌든 지금은 trot를 '트롯' 이라고 쓰면 승마용어로 말이 총총걸음을 걷는 것을 말하고, '트로트' 라고 쓰면, 대중가요의 한 종류가 됩니다.

-에 다름 아니다

오늘은 '-에 다름 아니다' 라는 표현을 짚고 넘어가죠.

일본이 나중에 얼마나 욕을 들으려고 거짓 역사를 만드는지 모르겠네요. 일본 교과서 검정결과 발표에 대한 외교부 대변인 성명 가운데, "일본의 독도영유권 주장은 과거 식민지침탈을 정당화하고 나아가 우리 민족의 해방의 역사를 부인하는 것에 다름 아니다. 앞으로 독도 문제는 정부가 책임을 지고 확고하게 대응해나갈 것이다"라는 구절이 있습니다.

일본의 '뗑깡' 을 꼬집는 외교부 성명에서 일본말을 쓰면 되나요?

'-에 다름 아니다' 는 일어 'ほかならない' [호카나라나이]를 그대로 옮긴 겁니다. 우리말로 '-이다, -에 불과하다, -일 뿐이다, -과 다를 바 없다' 따위로 쓰시면 됩니다.

"……나아가 우리 민족의 해방의 역사를 부인하는 것이다" 하면 됩니다. '-에 다름 아니다'라고 쓰면 더 멋있어 보일까요? 제 눈에는 더 멍청하게 보이는데.

일본을 규탄하면서 일본어투 말을 쓰는 외교부 사람들의 머릿속에는 뭐가 들어 있는지 궁금합니다. 무슨 생각을 하고 사는지……. 아니, 생각이나 있는지…….

이제는 일본사람들의 '뗑깡'을 받아주기도 귀찮습니다.
게다가 이 '뗑깡'은 일본말입니다. 일본말 중에서도 절대 써서는 안 되는 말입니다. '뗑깡'은 한자 '전간(癲癇)을 일본어로 읽은 것(덴칸)으로, 지랄병, 간질병을 뜻하기 때문이죠.
흔히 어린애가 칭얼거릴 때 '뗑깡 부린다/뗑깡 쓴다'라는 표현을 하는데 남의 자식이든 내 자식이든 절대로 써서는 안 될 말입니다. '생떼, 억지, 투정, 행패'라는 좋은 우리말이 있으니까 이 가운데에서 골라 쓰시면 되죠. 절대로, 절대로 '뗑깡'이란 낱말을 쓰시면 안 됩니다!

그러나, 그러나…… 오늘은 꼭 이 '뗑깡'을 쓰고 싶습니다.
지금 일본이 하는 짓을 보면 '뗑깡'이라는 자기네 말 말고는 달리 표현할 방법이 없어요. 그렇지 않나요?

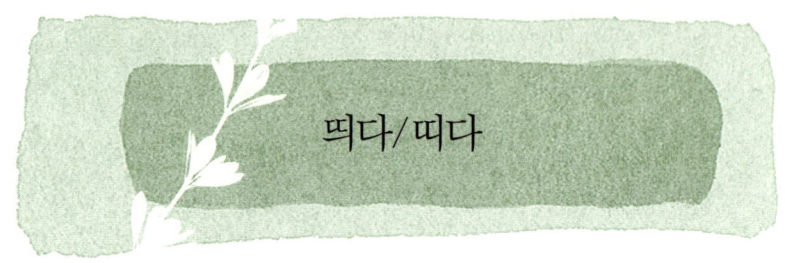

띠다/띠다

요즘 나무를 보면, 파릇파릇 돋아난 연초록빛 새싹이 참 보기 좋죠? 어디에 그런 예쁜 색깔을 감추고 있었는지…….
초록빛을 띤 새싹이 참 보드라워 보입니다.

오늘은 '초록빛을 띠다'에 쓰인 '띠다'를 알아볼게요.
'띠다'와 발음이 같은 낱말로 '띄다'가 있습니다.
발음은 모두 〔띠:다〕입니다. 발음은 같지만 뜻은 전혀 다릅니다.

먼저 '띠다'는 "용무나 직책, 사명 따위를 지니다", "빛깔이나 색채 따위를 가지다", "감정이나 기운 따위를 나타내다", "어떤 성질을 가지다"라는 뜻으로, '중대한 임무를 띠다/붉은빛을 띤 장미/노기를 띤 얼굴/보수적 성격을 띠다'처럼 씁니다.

'띄다'는 '뜨이다'의 준말이고, '뜨이다'는 '뜨다'의 입음움직씨(피동사)입니다.
따라서 '띄다'는 "물속이나 지면 따위에서 가라앉거나 내려앉지 않고 물 위나 공중에 있거나 위쪽으로 솟아오르다", "감았던 눈을 벌리다" 따위의 뜻이 있습니다.

'눈에 띄게 달라진 행동/빨간 지붕이 눈에 띄는 집/귀가 번쩍 띄는 이야기' 처럼 씁니다.

좀 쉽게 정리해보면, '띄다'는 '뜨다'에서 온 말이고, 이 '뜨다'는 "공간적으로나 시간적으로 사이를 떨어지게 하다"라는 뜻이 강합니다. 물 위나 공중으로 올라가게 하는 것이니까 공간을 떨어지게 하는 것이고, 눈을 벌리는 것도 눈꺼풀 사이의 공간을 떨어지게 하는 것이며, 띄어쓰기도 낱말과 낱말 사이에 공백을 두는 것이므로 공간을 떨어지게 하는 것이죠.

그러나 '띠다'는, 추상적이거나 구체적으로 뭔가가 있을 때 주로 씁니다. 초록빛을 띤 새싹은 초록빛이 있는 새싹이고, 중대한 임무를 띤 것도 중대한 임무를 가지고 있는 것이죠.

'띠다'는 "띠나 끈 따위를 두르다"라는 뜻도 있어서, '치마가 흘러내리지 않게 허리에 띠를 띠다' 처럼 쓰이기도 하는데, 이때도 허리가 띠를 가지고 있게 만드는 것으로 볼 수 있죠.

다시 더 줄여보면, '띠다'는 뭔가가 있을 때, '띄다'는 간격을 벌릴 때 쓴다고 기억하시면 됩니다.

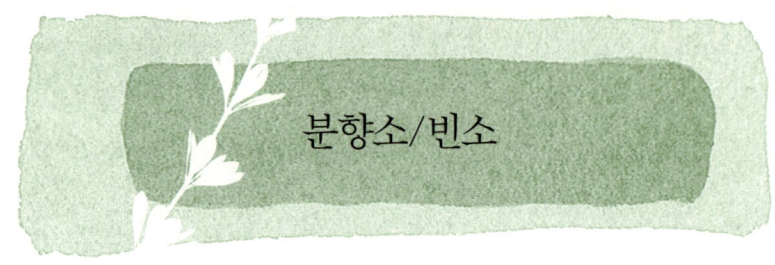

분향소/빈소

어떤 분은 저에게 조심스럽게 조언을 하십니다.

하루에 두 번씩 우리말 편지를 보내면 읽는 사람이 소화불량에 걸린다고.

그러나 저는 꼭 보내고 싶은 내용을 보내지 않으면, 밤에 잠이 안 오고, 낮에는 일이 손에 잡히지 않습니다.

아마 어젯밤에 〈상상플러스〉를 꼬집는 내용을 보내지 않았으면 잠을 자지 못했을 것이고, 지금 이 우리말 편지를 보내지 않으면 아마 오늘 하루가 편하지 않을 겁니다.

이런 제가 싫으시면 '수신거부'를 살포시 눌러주세요.

오늘은 세계보건기구 사무총장이셨던 고 이종욱 님의 장례가 있는 날입니다.

평생을 빈곤국가에서 의료봉사를 하고, 세계보건기구에 몸을 바친 고 이종욱 사무총장의 갑작스러운 사망소식에 세계가 애도의 뜻을 전하고 있습니다.

저도 그 애도의 물결에 동참하면서, '빈소'와 '분향소'의 차이를 알아볼게요.

'빈소'는 "상여가 나갈 때까지 관을 놓아두는 방"으로, 사람이 죽으면 빈소는 한 군데밖에 없습니다. 고 이종욱 님의 빈소는 아마도 제네바에 있을 겁니다.

'분향소'는 "영정을 모셔놓고 향을 피우면서 돌아가신 분을 기리는 곳"으로, 여기저기에 많이 차릴 수 있습니다. 그래서 고 이종욱 님의 분향소가 UN 본부에도 있고, 서울대학교에도 있을 수 있는 거죠.

어제 5월 23일자 경향신문 1면에 '이종욱 WHO 사무총장 순직'이라는 꼭지의 기사가 있는데, 맨 끝 문장이 "빈소는 서울 종로구 연건동 서울대 의대 구내 함춘회관 1층 사랑방에 마련됐다"네요.
아마도 그 기사를 쓴 기자가 '빈소'와 '분향소'를 착각했나 봅니다.
인터넷에서 보니, 연합뉴스도 그런 착각을 했네요.

서울대 의대에 있는 것은 고 이종욱 님의 시신이 있는 '빈소'가 아니라, 명복을 비는 '분향소'입니다.

거듭 고인의 명복을 빕니다.

사이시옷

며칠 전부터 이 사이시옷에 대해 이야기를 좀 하려고 했는데, 실은 엄두가 안 나더군요.

분명히 쓰다 보면 길어질 것 같고, 글이 길면 재미없고, 재미없으면 안 읽고……. 안 읽으면 이 편지는 쓰레기고…….

어쨌든 말 나온 김에 오늘은 그놈의 사이시옷에 대해서 뿌리를 뽑아봅시다.

실은 원칙 몇 가지만 알고 있으면 생각보다 쉽습니다.

먼저, 『표준국어대사전』에 보면, "사이시옷은, 한글 맞춤법에서 사잇소리 현상이 나타났을 때 쓰는 'ㅅ'의 이름. 순 우리말 또는 순 우리말과 한자어로 된 합성어 가운데 앞말이 모음으로 끝나거나 뒷말의 첫소리가 된소리로 나거나, 뒷말의 첫소리 'ㄴ', 'ㅁ' 앞에서 'ㄴ' 소리가 덧나거나, 뒷말의 첫소리 모음 앞에서 'ㄴㄴ' 소리가 덧나는 것 따위에 받치어 적는다. '아랫방', '아랫니', '나뭇잎' 따위가 있다"라고 나와 있습니다.

무슨 소린지('뭔 소린지'가 아닙니다. '뭔'은 '무슨'의 준말이 아닙니다).

사이시옷을 저 나름으로 다시 풀어보겠습니다.

사이시옷은, "두 낱말을 합쳐 한 낱말로 만들 때 뒤에 오는 낱말 첫 음절을 강하게 발음하라는 뜻으로 앞 낱말 마지막에 넣어주는 시옷"입니다(이렇게 정의하면 사이시옷의 80퍼센트 정도를 해결할 수 있습니다).

곧, 사이시옷은 한 낱말에는 없습니다.

낱말과 낱말이 합쳐져서 한 낱말을 만들 때, 뒤에 오는 낱말을 강하게 발음하라는 뜻으로(또는 신호로) 모음으로 끝나는 앞 낱말의 마지막에 ㅅ을 넣어주는 거죠. 따라서 뒤에 오는 낱말이 된소리(경음: ㄲ, ㄸ, ㅃ, ㅆ, ㅉ)나 거센소리(격음: ㅊ, ㅋ, ㅌ, ㅍ)이면 사이시옷을 쓰지 않습니다.

이렇게 정의하고 나면, '갈빗찜'은 틀리고 갈비찜이 맞다는 것을 쉽게 알 수 있죠. 왜냐하면 갈비+찜에서 뒤에 오는 낱말이 찜으로 된소리가 있으니까, 앞에 오는 낱말 갈비에 ㅅ을 붙일 수 없죠. 뱃탈이 아니라 배탈이고, 홋떡이 아니라 호떡인 것도 마찬가지 까닭에서입니다.

이렇게 한 단계 넘어가고요.

다음 단계!

앞에서 사이시옷은 두 낱말이 합쳐져서 하나의 낱말이 될 때 쓴다고 했습니다. 여기서 두 낱말이 중요합니다. 우리가 쓰는 낱말은 고유어와 한자어, 외래어가 있는데, 사이시옷은 외래어와는 안 놉니다.

고유어+고유어

고유어+한자어

한자어＋고유어

한자어＋한자어

이 네 가지 경우에만 사이시옷을 씁니다.

이 뜻을 설명하기에 앞서, 이 정의만 가지고도 벌써 핑쿳빛이 아니라 핑크빛이며, 피잣집이 아니라 피자집이 올바르다는 것을 금방 아시겠죠? 왜냐고요? 핑크, 피자가 외래어잖아요.

외래어 뒤에 오는 빛이나 집이 고유어더라도, 외래어＋고유어에는 사이시옷을 쓰지 않으므로, 당연히 핑크빛, 피자집이 맞죠.

그 다음으로, 한자어＋한자어는 다음의 딱 여섯 가지 경우에만 사이시옷을 씁니다. 곳간(庫間), 셋방(貰房), 숫자(數字), 찻간(車間), 툇간(退間), 횟수(回數).

이렇게 딱 여섯 가지 경우만 사이시옷을 쓰고 다른 한자어＋한자어의 합성에는 사이시옷을 쓰지 않습니다.

당연히 이건 문제가 많은 규정입니다. 제가 봐도 문제가 많아요. 그러나 현행 맞춤법에서 그렇게 규정했으니 할 말 없죠.

따라서 시가(市街-時價), 대가(大家-代價), 소수(小數-素數), 호수(湖水-戶數), 이점(二點-利點), 대수(代數-臺數), 초점 등에는 사이시옷을 넣어 적으면 안 됩니다.

싯가가 아니라 시가고, 댓가가 아니라 대가며, 촛점이 아니라 초점입니다.

이런 애매한 규정 때문에, 한자 쓰기를 주장하는 사람들이 자주 드는 보기가, "소장이 법원에 갔다"가 무슨 말이냐는 것이죠. 연구소 소장이 법원에 갔다는 말인지, 공소장을 법원으로 보냈다는 말인지 모르지 않느냐? 그래서 한자를 써야 한다. 한자를 쓰면 명확하지 않느냐……. 뭐 이런 거죠.

이 사이시옷 문제만큼은 국어학자들도 할 말이 없을 겁니다.

한자어와 한자어가 합쳐져서 한 낱말을 만들 때 사이시옷을 넣어 적는 여섯 가지에, 숏장(訴狀)하나만 더 넣어서 예외를 일곱 자로 만들었더라면…….

이제는 좀더 까다로운 몇 가지만 더 알아볼게요.

먼저, 사이시옷 규정에, 앞말에 받침이 없고 뒷말의 첫 음이 평음이더라도 ㄴ소리가 덧나는 경우엔 사이시옷을 쓴다는 규정이 있습니다. 이에 따라, 내+물은 내물이 아니고 냇물이며, 이+몸은 이몸이 아니고 잇몸이죠.

이런 보기로는 깻잎, 베갯잇, 바닷물, 빗물, 나뭇잎 따위가 있습니다.

여기서 헷갈리지 말아야 할 게, 머리말과 해님입니다.

머리말은 머리+말이지만 [머린말]로 발음하는 게 아니고 [머리말]로 발음해야 합니다.

해님도 마찬가지로 [핸님]이 아니고 [해님]입니다.

그렇게 발음하니 당연히 사이시옷을 적을 일이 없죠.

또 다른 규정은, 낱말이 끝가지(접미사)나 토씨(조사) 같은 의존형태소와 연결될 때는 사이시옷을 쓰지 않는다는 겁니다.

예+부터(조사)는 '옛부터'가 아니라 예부터로 써야 하고, 앞에서 설명한 해+님(접미사)도 해님으로 써야 하는 거죠.

예+스럽다는 '옛스럽다'가 아니라 예스럽다고, 나라+님은 '나랏

님'이 아니라 나라님이고…….

끝으로, 요즘 주위에 보면 새로운 길 이름을 많이 달아놨죠?
이 길 이름에는 사이시옷을 적지 않습니다.
따라서 개나릿길은 개나리길로, 경찰섯길은 경찰서길로, ○○여곳길은 ○○여고길로 적습니다. 길 이름에 사이시옷을 적지 않는 까닭을 국립국어원에서 설명했는데, 그건 맨 뒤에 덧붙입니다.

이제 다 끝났습니다.
예외 한두 가지와, 적어놓고도 좀 이상한 표현만 좀더 살펴보고 마치겠습니다.

앞에서, 뒤에 오는 낱말의 첫 음절이 거센소리나 된소리면 사이시옷을 적지 않는다고 했죠?
그러면서 갈비찜, 배탈, 호떡을 보기로 들었잖아요.

그런데 왜 첫째, 셋째, 넷째, 다섯째는 ㅅ을 쓰죠? 뒤에 ㅉ이 오니까 당연히 앞 낱말에서 ㅅ이 빠져야 하는 거 아닌가요?
아닙니다. 째는 접미사입니다. 여기에 쓰인 'ㅅ'은 사이시옷이 아닙니다.

이렇게 헷갈리는 게 많습니다. 이러다 보니 우리가 보는 교과서에도 틀린 게 아주 많습니다.
학교 가는 길은, 등굣길이라고 적어야 하는데, 현재 대부분의 교과서에서 '등교길'이라고 적고 있어요. 교과서도 제대로 따르지 못하는 맞춤법 규정이라…….

재밌는 거 하나만 더 하고 넘어갈게요.
예전에 보내드린 식물 '蘭' 발음에서, 한자어 다음에는 '란', 고유어나 외래어 다음에는 '난'으로 읽는다고 말씀드렸죠?
그에 따라, 문주란, 금자란, 은란이 맞고, 거미난, 제비난, 지네발난이 맞다고 말씀드렸고요.
재밌는 것은, 사이시옷에도 이와 비슷한 경우가 있다는 겁니다.
생물을 분류할 때 '종속과목강문계', 많이 외우셨죠?
거기서 과(科), 개미과가 맞아요, 개밋과가 맞아요?
달팽이과가 맞아요, 달팽잇과가 맞아요?
충격이 크시겠지만, 개미과가 아니라 개밋과라고 쓰셔야 합니다. 달팽잇과도 마찬가지고요. 메뚜기도 메뚜깃과가 맞습니다.
'고유어+科'에서 과가 된소리로 날 때는 앞에 사이시옷을 넣어줘야 합니다.
그러나 한자어+科는 장미과, 국화과처럼 그냥 사이시옷 없이 씁니다.

꽤 길게 달려왔는데요.
이 정도면 사이시옷 가지고 고민하실 일은 없으실 겁니다.

◆ 보태기

'첫째'의 시옷 문제

사이시옷은 실질 형태소들이 결합한 합성어로 인정되는 것들 가운데 사잇소리 현상이 일어나는 말들에 한해서 적을 수 있습니다.
'첫, 셋, 넷, 다섯'은 수 관형사로 존재하는 형태들입니다. 이 뒤에 결합하고 있는 '-째'는 수량, 기간을 나타내는 명사 또는 명사구 뒤와 수사 뒤에 붙어 '차례'의 뜻을 더하는 접미사입니다. 접미사와 결합하는 경우에는 사이시옷이 관여하지 않습니다. 따라서 '첫째, 셋째, 넷째, 다섯째' 표기는 '사이시옷'과는 관계가 없는 표기입니다.

◆ 덧붙이기

도로명(○○길)의 사이시옷 표기 원칙(2001년 8월 4일 결정)

'○○길'의 발음을 [○○낄]로 표준화하고, 복합어로 처리하여 사이시옷을 받쳐 적자는 주장도 제기되었으나, 다음과 같은 이유로 '○○길'에 사이시옷을 받쳐 적지 않는다.
첫째, 새로 이름 붙이는 도로명이기 때문에 현실 발음이 된소리라고 할 기존의 명확한 증거를 찾기 어렵다.
둘째, 복합어에서만 된소리가 생기는 것이 아니라 구에서도 된소리 발음이 날 수 있다.
셋째, 도로명 '○○길'은 '개나리길', '개나리1길', '개나리2길'과 같이 '○○'+'길'로 분리되는 성질이 있어 구로 보는 것이 타당하다.
넷째, '○○길'은 한글 맞춤법 제49항에서 규정하고 있는 고유명사에 속한다고 할 수 있으므로 띄어 쓰는 것이 원칙이되 붙일 수도 있다. 이러한 유형으로 아래와 같은 고유명사를 들 수 있는데 '○○+길'도 보통명사와 보통명사가 결합하여 고유명사로 된 같은 유형의 것이다.
〈보기〉 대한중학교, 청마고등학교, 피리유치원

한마음아파트, 장미아파트, 소라아파트
소망교회, 동대구시장, 청마루식당

위와 같은 국어심의회의 다수 의견에 따라 'ㅇㅇ길'은 사이시옷을 받쳐 적지 않는다.

덤 | '거밤한톨좀줘봐'의 띄어쓰기

'거밤한톨좀줘봐'는 어떻게 띄어 써야 할까요?

거: 대이름씨(대명사). '거기'를 구어적으로 이르는 말
밤: 이름씨(명사). 밤나무의 열매
한: 매김씨(관형사). (일부 단위를 나타내는 말 앞에 쓰여) 그 수량이 하나임을 나타내는 말
톨: 매인이름씨(의존명사). 밤이나 곡식의 낱알을 세는 단위
좀: 어찌씨(부사). 부탁이나 동의를 구할 때 말을 부드럽게 하기 위하여 삽입하는 말
줘: 움직씨(동사). '주다'의 활용으로 '주어', '줘', '주니'로 활용
봐: 움직씨. '보다'의 활용으로 '보아', '봐', '보니'로 활용

위에 나온 이유로, '거 밤 한 톨 좀 줘 봐'처럼 모두 한 자 한 자 띄어 써야 맞습니다.

어처구니가 없다

안녕하세요?

갑자기 무슨 사진이냐고요?
이 바쁜 월요일 아침에 무슨 짓이냐고요?
어처구니가 없죠?

아니요.
제가 보기에는 어처구니가 있습니다.

이건 또 무슨 사진이냐고요?
정말로 어처구니가 없다고요?

맞습니다.
이건 정말 어처구니가 없네요.

월요일 아침부터 무슨 실없는 소리냐고 말씀하실 것 같네요.

흔히, 일이 너무 뜻밖이어서 기가 막히는 경우에 어처구니가 없다고 합니다.
'어처구니가 없는 일을 당하고 보니 한숨만 나온다/하는 짓이 하도 어처구니가 없어서 화도 내지 못하고 있다' 처럼 씁니다.
이 '어처구니'가 바로 맷돌 손잡이를 뜻하는 순 우리말입니다.

맷돌은 곡식을 가는 데 쓰는 기구로, 둥글넓적한 돌 두 짝을 포개고 윗돌 아가리에 갈 곡식을 넣으면서 손잡이를 돌려 그 곡식을 갑니다.
바로 이 맷돌에 손잡이가 없으면 어떨까요?
맷돌을 돌릴 수 없겠죠?
당장 곡식을 갈아서 밥을 지어야 하는데, 어처구니가 없어서 맷돌을 돌릴 수 없고, 그래서 곡식을 갈 수가 없다면…….

덩치 큰 맷돌이 멀쩡하게 있는데, 나무로 대충 깎은 하찮은 어처구니가 없어서 그 맷돌을 쓸 수 없는 상황이 바로, 어처구니가 없는 상황이죠.
참으로 어처구니없는 일이 아닐 수 없습니다.

바로 여기서 나온 말이, 어처구니없다는 말로, "일이 너무 뜻밖이어서 기가 막히다"라는 뜻으로 쓰입니다.

이 편지의 맨 위에 있는 사진에는 '어처구니'가 있고, 바로 아래 사진에는 '어처구니'가 없네요.
맞죠?

성제훈의 우리말 편지 2부

손톱깎이/손톱깎기 | 배추 뿌리/배추꼬랑이 | 우뢰/우레 | 하늘을 나르는 슈퍼맨? | 띄어쓰기 | 고소하고 담백하다? | 노현정 아나
을 건너다 | 서더리탕/서덜이탕/서덜탕 | 스승 사(師), 선비 사(士), 일 사(事) | 남사스럽다/남세스럽다 | 지금부터 8년간 | 개고기
향년 82세 | 맨숭맨숭/맹숭맹숭/맨송맨송 | 운명을 달리하다/유명을 달리하다 | 집들이/집알이 | 광어보다는 넙치가 좋다 | 뒤
이/세간/세간붙이/살림/살림살이 | 빠지다/빼치다 | 하루가 너무 [짤때 | 기라성 같은 사람? | 전기세/전기요금 | 저는 바사기입
하다/매조지다 | 간유리/유백유리 | 젖빛유리 | 고추나무/고춧대 | 깎듯한/깍듯한 | 물쿠다 | 자리끼/밤잔물 | 서울특별시청 현판

여름

? | 시합이 아니라 겨루기 | 세 번째 의뢰인 | 사랑할까요? 사랑할게요! | 장본인 | 금 서 돈 | 저 오늘 구설수가 끼었다네요 | 현해탄 | 호도과자/호두과자 | 조식/중식/석식 | 숫놈들은 왜 바람을 피울까 | 추켜세우다/치켜세우다 | 두리뭉술/두루뭉술/두루뭉수리 | 거리 | 어리숙하다/어수룩하다 | 곡차 | 미꾸리/미꾸라지 | 벼농사 | 반딧불/반딧불이 | 격무가 아닌 고된 일 | 금/줄/선 | 세간살 | 매장국 | 엎어지다/자빠지다/넘어지다/쓰러지다 | 몹쓸/못쓸/못 쓸 | 비를 멈춰주세요 | 애들은 어릴 때부터 잘 가르쳐야 | 매조지 | 서울특별시청 현관에 있는 비밀 (2)

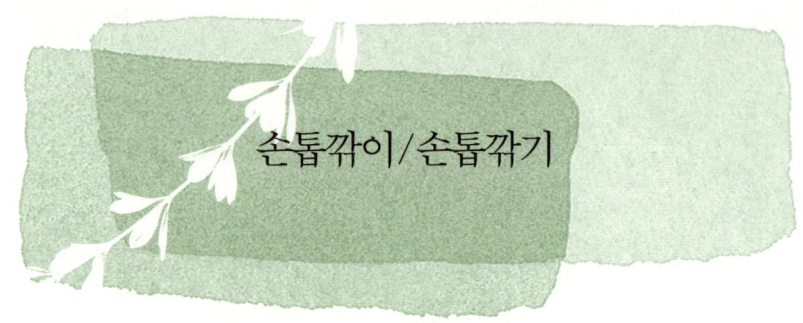

손톱깎이/손톱깎기

게으른 사람은 손톱이 빨리 자란다는데, 어제 문득 제 손톱을 보니 꽤 길어 있더군요.
게으른 태 안 내려고 바로 손 좀 봤습니다.

손톱을 자를 때 쓰는 기구를 뭐라고 하죠?
손톱깎이? 손톱깎기?

연필 깎는 기구는 뭐라고 하죠?
연필깎이? 연필깎기?

'깎이'와 '깎기'는 다릅니다.

'깎이'는 '깎다'라는 움직씨의 어간에 사람, 사물, 일의 뜻을 더하는 끝가지 '-이'가 붙은 겁니다. 때밀이, 구두닦이, 젖먹이, 재떨이, 옷걸이, 목걸이, 감옥살이, 가슴앓이 따위죠.
또한 '-이'는 이름씨, 그림씨, 의성어, 의태어 따위에 붙어, 사람,

사물의 뜻을 나타내기도 합니다. 절름발이, 애꾸눈이, 멍청이, 똑똑이, 뚱뚱이, 딸랑이, 짝짝이 따위죠.

'깎기'는 '깎다'라는 움직씨에 이름씨 구실을 하는 '-기'가 붙은 형태로 어떤 행위를 말합니다.
"나, 손톱 깎기 싫어!"(손톱을 깎는 행위가 싫다), "연필 깎기는 정말 귀찮아"(연필을 깎는 그 행위가 귀찮다) 따위로 씁니다.

정리하면, 사람이나 물건, 일 따위에는 '-이'가 붙고, 어떤 행위에는 '-기'가 붙는다고 기억하시면 쉽습니다.

모낸 지가 엊그제 같은데, 벌써 가짓거름 줄 때가 됐네요.
오늘은 오전에 논에 나가 거름이나 줄 생각입니다.
모가 많이 자라 있겠죠? 🌱

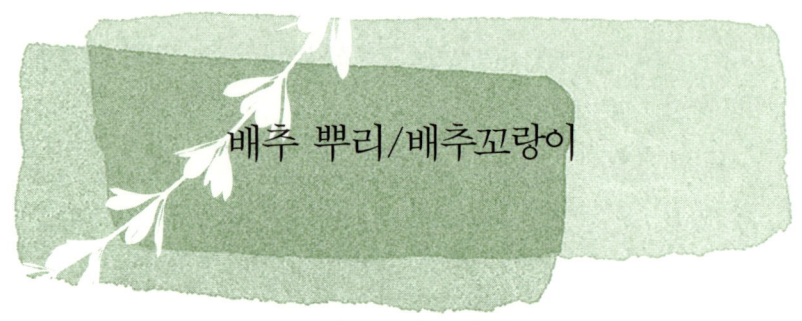

배추 뿌리/배추꼬랑이

어머니가 집에 계시니 항상 반찬이 푸짐해서 좋습니다.

어제는 누나 집에서 배추 몇 포기 가져다가 김치를 담그셨네요.

아침에 어머니가 부엌에서 뭔가를 내오시면서, "이거 배추꼬랑지다. 오랜만에 먹으면 맛있을 거다"라고 하시더군요.

그러면서 내주시는 접시 위에 배추 뿌리 댓 개가 있더군요. 먹어보니 정말 달았습니다. 배추 뿌리가 단지, 어머니의 정성이 단지는 모르지만……

배추꼬랑지 아시죠? 배추 뿌리 말이에요.

실은 이 낱말은 '배추꼬랑이'가 표준말입니다.

배추 뿌리라고 해도 틀린 말은 아니겠지만, 그것은 한 낱말은 아니고, 배추 뿌리를 뜻하는 한 낱말은 '배추꼬랑이'입니다. 흔히 배추꼬랑지라고도 하지만 그것은 틀린 말입니다.

배추가 나온 김에 몇 가지 더 알아볼게요.

배추를 세는 단위가 뭐죠?

포기? 폭?

우스갯소리로, '포기'(暴棄)는 배추를 셀 때나 쓴다는 말이 있죠? 맞습니다. 배추를 세는 단위는 '포기'입니다.

흔히 한 폭, 두 폭 하지만, 한 포기, 두 포기가 맞습니다.

내친김에, 무청이 뭔지 아세요?

"무의 잎과 잎줄기"를 뜻합니다. '뭇줄거리'라고도 하죠?

시래기는 "무청이나 배추의 잎을 말린 것"인데, 새끼 따위로 엮어 말려서 보관하다가 볶거나 국을 끓이는 데 쓰면 참 좋죠.

우거지는 "푸성귀를 다듬을 때에 골라놓은 겉대"를 말합니다.

덤 | 짜집기/짜깁기

"직물의 찢어진 곳을 그 감의 올을 살려 본대대로 흠집 없이 짜서 깁는 일"이나 "기존의 글이나 영화 따위를 편집하여 하나의 완성품으로 만드는 일"을 뜻하는 낱말은 '짜집기'일까요, '짜깁기'일까요?

답은 '짜깁기'입니다.

"떨어지거나 해어진 곳에 다른 조각을 대거나 또는 그대로 꿰매다"라는 뜻의 낱말은 '깁다'이지 '집다'가 아니잖아요. 당연히 '짜집기'가 아니라 '짜깁기'로 써야 합니다.

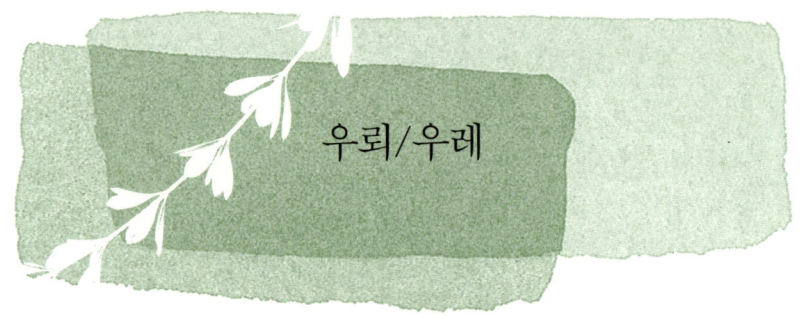

우뢰/우레

반가운 비가 내렸습니다. 어젯밤에 번개 치고 천둥 치며 세차게 비를 뿌렸는데, 오랜만에 천둥소리를 들으니 기분이 참 좋더군요.

"뇌성과 번개를 동반하는 대기 중의 방전 현상"을 '천둥'이라고 하죠? 그 '천둥'을 한자 쓰기를 좋아하는 사람들이 우뢰(雨雷)라고 만들었고, 속없는 학자들이 우리 사전에 그대로 올렸습니다.

그 덕분에 몇 년 전까지만 해도, 국어사전에 "소나기가 내릴 때 번개가 치며 일어나는 소리"는 '우뢰'라고 나와 있었죠. 그게 표준말로 인정되어서 그대로 쓴 겁니다.

그러나 이제는 바로잡았습니다. '우뢰'는 '우레'라는 순 우리말을 보고 한자쟁이들이 억지로 만든 말입니다. '우레'는 우리말 '울다'의 어간 '울-'에 끝가지 '-에'가 붙어서 된 말입니다. '우레'는 토박이 말이므로 굳이 한자로 적을 까닭이 없습니다. 아니, 굳이 그럴 까닭이 없는 게 아니라, 그러면 안 됩니다.

'우뢰'는 이제 표준어 자격을 잃고 사라진 말이니 더더구나 쓰면 안 됩니다.

천둥과 함께 복수 표준어인 '우레'라는 말을 모르고, '우뢰'를 쓰다 보니, 이제는 순 우리말 '우레'가 오히려 어색하게 느껴질 정도죠. '우레'와 같은 뜻인 '천둥'도 표준말입니다.

관용어구로, "많은 사람이 치는 매우 큰 소리의 박수"를 '우레와 같은 박수'라고 하죠. '그의 연주가 끝나자 우레와 같은 박수가 쏟아져 나왔다' 처럼 씁니다. 참 좋고 적절한 표현이죠.

오늘도 천둥 치며 먼 하늘에서 우레가 울려올까요?
다들 우산 챙기셨죠?

◆ 보태기

천둥/우레/번개/벼락은 어떻게 다를까요?
사전적인 뜻은 아래와 같습니다.
천둥/우레: 뇌성과 번개를 동반하는 대기 중의 방전 현상
번개: 구름과 구름, 구름과 대지 사이에서 공중 전기의 방전이 일어나 번쩍이는 불꽃
벼락: 공중의 전기와 땅 위의 물체에 흐르는 진기와의 사이에 방전 작용으로 일어나는 자연현상

좀 풀어보면, '천둥/우레'는 뇌성(천둥소리)과 번개를 포함하는 낱말이고, '번개'는 하늘에서 일어나는 불꽃이며, '벼락'은 하늘에서 일어난 불꽃인 '번개'가 땅에 떨어진 것을 말합니다.
가르실 수 있겠죠?

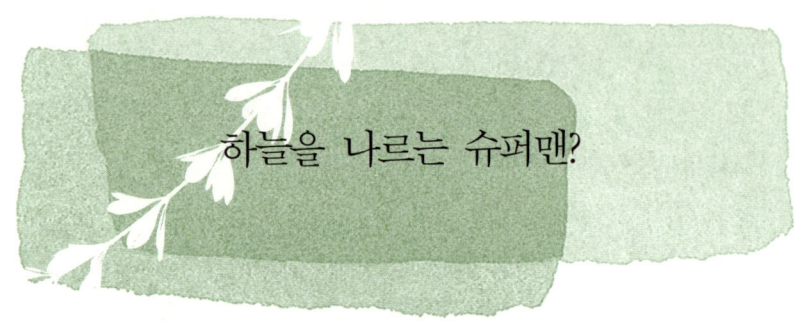

하늘을 나르는 슈퍼맨?

엊저녁에는 회사 분들과 곡차를 한잔해서 차를 회사에 두고 집에 갔습니다.

오늘 아침에 버스를 기다리면서 옆에 있는 공짜 신문을 무심코 집어 들었는데, 눈에 확 들어오는 게 있더군요. 장난감을 파는 광고인데, '하늘을 나르는 슈퍼맨'이라고 씌어 있었습니다.

하늘을 나른다……, 하늘을 이쪽에서 저쪽으로 옮긴다는 소린데……, 하늘을 어떻게 옮기지?

내가 술이 덜 깼나?

하늘을 한 곳에서 다른 곳으로 옮긴다는 뜻이라면, '하늘을 나르는'이 맞겠지만, 그렇지 않고 하늘에서 날아다니는 슈퍼맨을 말할 때는, '하늘을 나는'이라고 써야 합니다.

자동사 '날다'는 불규칙활용동사로 '나니, 나오, 나는'과 같이 변하므로, '날으는 슈퍼맨'이 아니라 '나는 슈퍼맨'이 맞습니다.

이제 이렇게 정리하고 보면, 재밌는 게 하나 보입니다.
'나는 슈퍼맨'은 무슨 뜻일까요?
두 가지 뜻이 있습니다.
하나는 '내가 슈퍼맨'이라는 뜻이고, 또 하나는 '공중을 날아다니는 슈퍼맨'이라는 뜻입니다.

한 발 더 나가서, '나는 나는 슈퍼맨'이라고 하면 '나는 날아다니는 슈퍼맨'이라는 뜻이 됩니다.

우리말 참 재밌죠? 🍀

덤 | 예수남은 어르신의 조쌀하신 모습

'예수남은 어르신의 조쌀하신 모습'이 무슨 뜻이냐고요?
'여남은 살쯤 되어 보이는 사내아이'라고 할 때, '여남은'은 "열이 조금 넘는 수"를 말합니다.
이처럼 "예순이 조금 넘는 수"를 뜻하는 낱말이 '예수남은'입니다. '예수남은 되어 보이는 어르신/예수남은 사람이 모였다' 처럼 씁니다.
'조쌀하다'는 "늙었어도 얼굴이 깨끗하고 맵시 있다"라는 뜻의 그림씨(형용사)입니다.
주변을 잘 둘러보시고 그런 분 만나시거든 이 표현 꼭 떠올려보세요.

띄어쓰기

　제가 한글이나 맞춤법에 대한 내용을 편지로 보내드리면서, 이것만은 큰 맘 먹고 꼭 자세히 설명해야지 하는 게 몇 가지 있습니다.
　얼마 전에 보내드린 사이시옷 문제도 그것이고, 띄어쓰기, 단위 문제 따위가 그런 겁니다.
　글자나 낱말 하나의 문제가 아닌 이런 문제, 저런 문제가 복잡하게 얽혀 있어서 저도 잘 모르거든요.

　그 일을 시간 나는 대로 풀어가야 하는데, 오늘은 띄어쓰기를 시작해보겠습니다.

　먼저, 띄어쓰기는 원칙이 있습니다. 아주 쉬운 원칙이죠. '낱말별로 띄어 쓴다'가 바로 그 원칙입니다. 우리글은 낱말별로 띄어 쓰면 됩니다. 그럼 낱말은 뭐냐? 바로 국어사전에 하나의 단위로 올라 있는 게 낱말입니다. 그리고 또 하나, 아홉 가지 씨(품사)도 낱말로 취급해서 띄어 씁니다. 다만, 토씨(조사)는 예외적으로 붙여 씁니다.

원칙이 쉽죠?

낱말별로 띄어 쓴다. 품사도 낱말로 취급한다. 단, 토씨는 예외적으로 붙여 쓴다.

이게 한글 맞춤법 띄어쓰기의 원칙입니다.

오늘은 첫 편지니까 짧게 '우리'를 어떻게 띄어 쓸지 알아볼게요.
'우리'는 "자기나 자기 무리를 대표하여 스스로 일컫는 말"인데요. 당연히 '우리'는 사전에 올라 있습니다.

그럼, 우리나라, 우리아버지, 우리집, 우리누나, 우리청 따위는 어떻게 쓸까요? '우리'와 붙여 써야 할까요, 띄어 써야 할까요?

앞에서 말한 대로, 띄어쓰기는 낱말별로 하고, 낱말은 사전에 하나의 단위로 올라 있는 거라고 했습니다. 그럼 답은 벌써 나온 거죠.
'우리나라, 우리아버지, 우리집, 우리누나, 우리청'을 사전에서 찾아봐서, 사전에 있으면 붙여 쓰고, 없으면 띄어 쓰면 됩니다.
쉽잖아요.

참고로 '우리'가 붙어서 사전에 올라가 있는 말은, 우리나라, 우리말, 우리글, 이 세 개밖에 없습니다. 당연히 이 세 개만 붙여 쓰고, 나머지는 모두 띄어 써야 합니다.

글이 슬슬 길어질 낌새가 보이는군요. 되도록이면 줄일게요.

한글 맞춤법 띄어쓰기에 "전문용어는 낱말별로 띄어 씀을 원칙으로 하되, 붙여 쓸 수 있다"라고 되어 있습니다.

'중거리 탄도 유도탄' 이라고 쓰는 게 원칙인데, '중거리탄도유도탄' 이라고 써도 된다는 거죠.

이렇게 전문용어는 각자 나름대로 판단해서 쓰면 됩니다.

제가 글을 읽으면서 띄어쓰기가 없어서 참 한심하다고 느낀 부분이 바로 법령 이름입니다.

'성폭력범죄의처벌및피해자보호등에관한법률' 처럼 다 붙여 씁니다. 저는 그 까닭을 모르겠어요.

다행히 올해부터는 법령 이름을 띄어 쓴다고 합니다. 지금까지 한 개의 낱말로 보아 띄어쓰기 없이 붙여 쓰던 법령제명에 '띄어쓰기'를 적용하는 거죠.

법제처에서 낸 보도자료에 따르면, "2005년 1월부터 제·개정되는 법률, 시행령, 시행규칙이나 규정, 훈령, 예규들은 모두 띄어쓰기를 하며 기존 법령의 명칭은 종전대로 붙여서 사용된다"라고 합니다.

지금이라도 정신을 차려서 참 다행입니다.

이왕이면 "종전대로 붙여서 사용된다"도 "이전처럼 붙여서 쓴다"라고 썼으면 더 좋았을 텐데…….

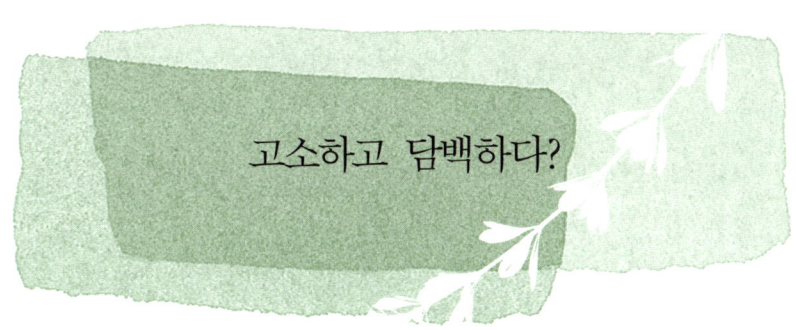

고소하고 담백하다?

어제는 저녁 늦게 아내와 함께 대형 할인점에 가서 시장을 좀 봤습니다.

저는 그런 할인점에 가면 여기저기 돌아다니면서 이것저것 공짜로 얻어먹는 것을 참 좋아합니다.

한 가게에 들렀더니, 아주머니가 "고소하고 담백한 ○○○!", "일단 드셔보세요~~~!"라면서 손님을 끌더군요.

고소하고 담백하다……
전혀 어울리지 않는 두 낱말인데, 흔히 그렇게 씁니다.

'고소하다'는 "볶은 깨, 참기름 따위에서 나는 맛이나 냄새와 같다"라는 뜻입니다.

반면 '담백하다'는 "음식이 느끼하지 않고 맑다", "밍밍하고 싱겁다"라는 뜻입니다.

여름 : 141

곧, 맹물에 조약돌을 끓인 게 담백한 것입니다.

이렇듯 맛도 없고 심심한 게 담백한 것이고, 참기름 냄새가 나는 게 고소한 것인데, 이걸 어떻게 같이 쓰죠?
별로 어울릴 것 같지 않은데도, 방송에서도 자주 나오고, 일반 사람도 자주 말합니다.
뭔가 이상하지 않아요?

오늘은 날씨가 너무 더워서, 밖에 나가지 않으려고 합니다.
밖에서 일하면 머리털이 다 빠질 것 같아서…….●

◆보태기
할인은 일본어 '割引'(わりびき[와리비키])에서 온 말입니다. '에누리'로 다듬어서 쓰시는 게 좋습니다.

노현정 아나운서 시집간대?

〈상상플러스〉에서 우리말을 소개하는 아나운서인 노현정 씨가 결혼한다죠? 저야 결혼했으니까 상관없지만, 헛물켠 총각들 꽤 많겠네요.

저는 노현정 씨가 국립국어원 홍보대사로 우리말 바로쓰기에 관심이 많아 좋아했는데, 앞으로는 그가 진행하는 방송을 볼 수 없다니 안타깝네요.

그 안타까움을 조금이나마 달래고자, 오늘은 노현정 씨 이야기로 시작합니다.

저는 노현정 씨를 직접 만난 적은 없지만, 그렇게 예쁘다면서요? 그래요?

"노현정 아나운서 예쁘데요"와 "노현정 아나운서 예쁘대요" 가운데 어떤 게 맞을까요?

답은 '둘 다 맞다'인데, 두 가지의 뜻은 다릅니다.

오늘은 '데요'와 '대요'를 갈라볼게요.

표준발음법에 따라, ㅔ와 ㅐ를 다르게 발음해야 하는데, 실제는 그렇지 못한 경우가 많습니다. 그러다 보니 '데요'와 '대요'의 발음을 다르게 하지 못하고, 정확한 뜻을 구별하지도 못하는 것이죠.

먼저 '대요'는 '-다고 해요'가 줄어든 말입니다.
'차가 밀려 좀 늦는대요(늦는다고 해요)/사람이 아주 똑똑하대요(똑똑하다고 해요)/선배가 휴학했대요?(휴학했다고요?)/철수도 오겠대?(오겠다고?)'처럼 씁니다.

'데요'는 '더라'와 같은 뜻의 해요체 종결어미입니다.
곧, 과거 어느 때에 직접 경험하여 알게 된 사실을 현재의 말하는 장면에 그대로 옮겨와서 말함을 나타내는 종결어미입니다.
'그이가 말을 아주 잘하데(잘하더라)/그 친구는 아들만 둘이데(둘이더라)/고향은 하나도 변하지 않았데(않았더라)'처럼 씁니다.

정리해보면, '-데'는 말하는 사람이 직접 경험한 사실을 나중에 보고하듯이 말할 때 쓰이는 말로 '-더라'와 같은 뜻이고, '-대'는 직접 경험한 사실이 아니라 남이 말한 내용을 간접적으로 전달할 때 씁니다.

따라서 "노현정 아나운서 예쁘데요"는, "내가 노현정 아나운서를 만나보니 참 예쁘더라"나, "뉴스에서 보니 노현정 아나운서가 참 예쁘더라"라는 뜻입니다.
말하는 사람이 노현정 아나운서의 미모에 감탄한 적이 있는 거죠.

"노현정 아나운서 예쁘대요"는, "노현정 아나운서가 누군지 잘 모르는데, 사람들이 그 아나운서 예쁘다고 하더라"라는 뜻입니다.

아무쪼록 노현정 아나운서가 결혼해서 행복하게 살고, 결혼 뒤에도 우리말을 아끼고 사랑하면서 살아가길 빕니다.

> **덤** | 기지바지가 아니라 양복바지
>
> 며칠 전에 온 공문 중에, '하절기 간소복 차림 근무'라는 내용이 있네요. 상의는 정장, 콤비, 점퍼 따위를 입되 넥타이는 매지 말고, 하의는 정장바지나 면바지 따위를 입되, 색상은 개인의 기호에 따라 자유롭게 선택해도 된다는군요.
> 덕분에 오늘 넥타이 매지 않고 그냥 출근했습니다.
>
> 바지 중에 '기지바지'라는 게 있죠? 면바지가 아니라 양복 천으로 만든 바지.
> 그 '기지'가 실은 일본어에서 왔습니다. 일본어 'きじ'[기지]는 옷감을 뜻합니다. 그중에서도 양복 옷감을 말하죠. 따라서 양복 옷감 '기지'로 만든 펄렁펄렁한 바지가 '기지바지'입니다.
> 『표준국어대사전』에 보면 '천'으로 바꿔 쓰라고 나와 있습니다.
>
> 이제는 '기지바지'라는 낱말을 안 쓰시겠죠?

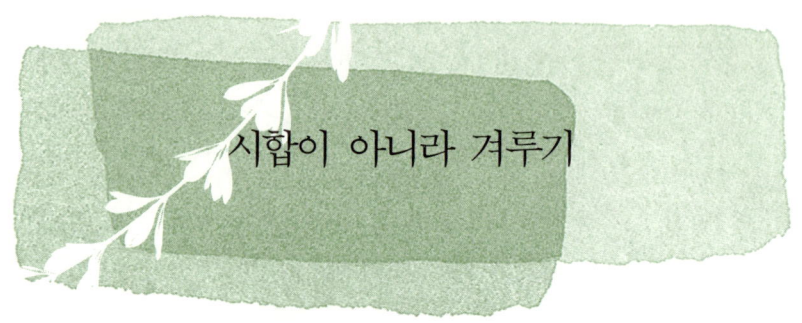

시합이 아니라 겨루기

월드컵 기간에 되도록이면 축구와 관련된 우리말 편지를 보내드리겠습니다. 오늘은 처음이니까 쉬운 것부터 시작하죠.

축구는 두 편으로 나뉜 11명의 선수가 "주로 발로 공을 차서 상대편의 골문에 공을 많이 넣는 것으로 승부를 겨루는 경기"입니다.

오늘은 경기와 시합의 차이를 알아볼게요.

경기(競技)는 "일정한 규칙에 따라 기량과 기술을 겨룸. 또는 그런 일"을 뜻하고, 시합(試合)은 "운동이나 그 밖의 경기 따위에서 서로 재주를 부려 승부를 겨루는 일"을 뜻합니다.
뜻은 거의 비슷하죠? 그러나 태생은 다릅니다.
시합은 'しあい'[시아이]라는 일본어에서 온 말입니다.
국립국어원에서도 '겨루기'로 바꿔서 쓰도록 권하는 말이죠.

'시합'보다는 '경기'라는 말이 더 좋습니다.

그러나 그보다 더 좋은 말은 '겨룸'이나 '견줌'이라는 낱말입니다.

겨룸은 "서로 버티어 힘이나 승부를 다투는 일"이고, "둘 이상의 사물을 질이나 양 따위에서 어떠한 차이가 있는지 알기 위하여 서로 대어보다"라는 뜻의 낱말이 '견주다'잖아요.

바로 움직씨 '견주다'의 이름씨가 '견줌'입니다.

우리나라 국가대표 선수들과 견주는 프랑스 선수들…….
별 볼일 없죠? 이번에는 몇 대 몇으로 이길까요?

◆보태기

경기/시합처럼 뜻은 비슷하지만 하나는 일본에서 온 낱말인 경우가 계좌/구좌입니다.

구좌는 '口座'(こうざ[고우자])라는 일본어에서 온 말입니다.

국립국어원에서도 '계좌'로 다듬었습니다.

제 계좌 알려드리면 누가 돈 좀 넣어주시려나?

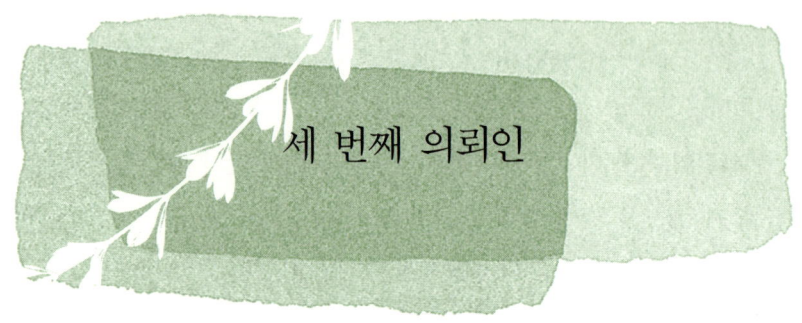

세 번째 의뢰인

어젯밤에 잠이 안 와서 거실에 나와 텔레비전을 보는데, 결혼식장에서 사진사가 사진을 찍으며 한 말이 귀에 들어오더군요.
"자, 조용히 하시고, 이제 찍습니다. 거, 왼쪽에서 두 번째 분, 좀 웃으세요!"
사진 찍을 때 흔히 들을 수 있는 말입니다.

오늘은 '첫째'와 '첫 번째'의 차이를 좀 알아볼게요.

'첫째'는 사물의 차례나 등급을 나타낼 때 씁니다. 나란히 있는 사람이나 물건의 차례를 나타내므로, '둘째 줄의 셋째 학생, 첫째 줄의 둘째 책상'처럼 씁니다. 학급 석차, 태어난 형제나 일의 순서, 책의 차례 따위도 이 같은 표현을 할 수 있습니다. 장한 둘째 아들, 국문학 첫째 장, 전교 석차 열셋째 따위로 쓰죠.

'첫 번째'는 연이어 계속해서 반복되는 일의 횟수를 나타내는 말입니다.

'첫 번째 경기(제일회전)/두 번째 경기(제이회전)/두 번째 세계대전(제2차 세계대전)/첫 번째 물음' 따위로 쓰죠.

따라서 "트랙을 세 번째 돌고 있는 선수", "미국을 네 번째 다녀오신 선생님" 따위는 맞는 표현이죠. 그러나 "우리나라 선수단이 아흔세 번째로 당당하게 들어오고 있습니다"는 틀립니다. '번째'는 반복되는 일의 횟수라고 했잖아요. 입장식에는 어느 나라 선수나 한 번씩만 들어오지 않나요? 우리나라 선수만 몇십 번씩 들어올 리가 없잖아요. '아흔셋째로'라고 해야 맞습니다.
"지구상에서 두 번째로 큰 아프리카 대륙"도 틀립니다. '둘째로 큰'이라고 해야 맞습니다.
"한국은 세계에서 두 번째로 잘사는 나라"도 마찬가집니다. '둘째로 잘사는'이 맞습니다.

언젠가 텔레비전 프로그램인 〈진품명품〉에서 사회자가 한 말, "다음에는 세 번째 의뢰인을 모셔보도록 하겠습니다"도 틀린 말입니다.
'세 번째 의뢰인'은 의뢰를 한 번 하고, 두 번 하고, 세 번째에 또 의뢰한 사람을 말하는 겁니다. 사회자가 말하고자 하는 그 방송에서 첫째 소개, 둘째 소개에 이어 다음 소개하는 사람은, '셋째 의뢰인'입니다.

어쨌든 '번째'는 반복되는 일의 횟수라는 것만 기억하면 '째'와 '번째'를 헷갈리지 않으실 듯하네요.

오늘 저는, 월간지에 네 번째 내는 원고를 마무리해야 하고, 제 책상 왼쪽 둘째 칸에 있는 책이나 좀 정리해야겠네요.
오늘 날씨만큼 행복하게 보내세요.

> 덤 | '경신'은 '고침'으로, '갱신'은 '새로 고침'으로

'경신'과 '갱신'은 모두 한자로 '更新'입니다. 같은 한자를 어떻게 읽느냐에 따라 뜻이 달라지죠. 更 자는 '다시 경'과 '고칠 갱'으로 읽습니다.

따라서 更 자를 '다시 경'으로 읽어 '경신'이라고 하면, "이미 있던 것을 고쳐 새롭게 함"이라는 뜻입니다. 이에 따라 운동 경기의 기록을 '경신'한다고 하고, 주가가 1,000포인트를 '경신'했다고 하죠.

한편, 更 자를 '고칠 갱'으로 읽어 '갱신'이라고 하면, "법률관계의 존속 기간이 끝났을 때 그 기간을 연장하는 일"과 "기존의 내용을 변동된 사실에 따라 변경·추가·삭제하는 일"을 말합니다. 이에 따라 계약 갱신/비자 갱신/어업권의 갱신/면허 갱신/시스템의 갱신으로 쓰죠.

정리하면, '경신'은 내용을 새로 바꾸는, 한 단계 올라가는, 신기록 경신에 쓰이고, '갱신'은 계약 기간을 수평으로 연장하거나, 기존의 내용을 새롭게 고치는 데 쓴다고 기억하시면 됩니다. 이것도 어렵죠.

그래서 국립국어원에서 '경신'은 '고침'으로, '갱신'은 '새로 고침'으로 바꿔 쓰자고 권했습니다. 그럼 헷갈릴 일이 없잖아요.

사랑할까요? 사랑할게요!

얼마 전에 한 방송사에서 방송한 텔레비전 연속극 제목이, 〈사랑할께요〉였습니다. 아마 지금쯤 끝났을 텐데요. 이 〈사랑할께요〉에서 '께요'가 틀렸습니다. 맞춤법에 맞지 않은 말을 연속극 제목으로 쓴 방송국 사람들 머릿속에는 뭐가 들어 있는지 참으로 궁금합니다.

오늘은 '게'와 '께'를 좀 구별해볼게요. 원칙은 너무도 쉽습니다. 의문형만 된소리로 적고 종결어미는 예사소리로 적습니다.
 곧, -줄까?, -할까?, 이게 뭘꼬? 따위와 같은 의문 종결어미는 까, 꼬로 적고, 일반적인 종결어미는 그냥 -할걸, -줄게, -할게 따위와 같은 예사소리로 적습니다.

어려워요? 쉽죠? 이 쉬운 것을 방송국에서 모를 리 없는데, '사랑할께요'라고 쓰는 이유는 뭘까요? 자꾸 드리는 말씀이지만, 방송이나 언론에서는 함부로 나불거리면 안 됩니다. 그 사람들은 별 뜻 없이 언죽번죽 그렇게 떠들지만, 그걸 보는 사람들은 그게 다 옳은 줄 알고 따라 하니까요. 그래서 언론의 책임이 중요한 겁니다.

장본인

어제 오후에 오랜만에 대학 후배를 만나 곡차를 한잔했습니다. 역시 사람은 서로 부대끼며 술잔을 기울여야 친해지나 봅니다.

어제 그 후배는 거의 10여 년 만에 만난 것인데, 자기 선배 한 분을 모시고 왔더군요.

저를 보자마자 그 선배에게 저를 이렇게 소개하더군요.

"형! 제가 대학 다닐 때 저에게 컴퓨터를 가르쳐준 선배가 있다고 했죠? (저를 가리키며) 바로 이 선배가 그 장본인입니다. 이 선배가 저에게 컴퓨터를 가르쳐주신 분이에요."

이런……

그 자리에서 바로 뭐라 말할 수도 없고, 그렇다고 지적하지 않고 넘어가자니, 다른 데 가서 또 이런 실수를 할 것 같고…….

역시나 곡차는 좋은 겁니다. 곡차 잔이 몇 바퀴 돈 뒤, 조금 전에 그 후배가 한 말에서 틀린 부분을 바로잡아주었습니다.

'장본인'은 "어떤 일을 꾀하여 일으킨 바로 그 사람"을 뜻하는데, 담긴 뜻은 '나쁜 놈'이다. 곧, 무슨 나쁜 일을 꾀하고 일으킨 사람을 '장본인'이라고 한다. 더군다나 장본인은 일본어에서 온 낱말이다. 이렇게 설명해줬습니다.

그 후배가 말끝마다 영어를 섞어 쓰면서 이야기하기에, 저도 영어를 빌려 설명을 좀더 보탰죠.
장본인은 '노터리어스'(notorious)한 사람을 말하고, 그냥 뭐뭐한 사람, 또는 주인공을 말할 때는 '페이머스'(famous)한 사람이다. '유명하다'의 반대가 '유명하지 않다'인 것처럼 영어에서도 '페이머스'의 반대는 '인퍼머스'(infamous)이지만, '악명'과 '오명'의 느낌이 강한, '페이머스'에 맞서는 말은 '노터리어스'란다.

또 잘못 쓰고 있는 말 가운데 '전철'이라는 게 있습니다.
"앞에 지나간 수레바퀴의 자국이라는 뜻으로, 이전 사람의 그릇된 일이나 행동의 자취를 이르는 말"인데, 그저 전에 일어난 일은 모두 전철이라고 하는 엄청난 잘못을 저지르는 사람이 있습니다. 전철은 '전과자인 아버지는 아늘이 자신과 같은 전철을 되풀이하지 않기를 바랐다'처럼 과거의 나쁜 일에만 씁니다. 좋은 일에는 쓰지 않죠.

저는 다른 사람과 이야기할 때 말꼬리를 잡고 늘어지거나, 저에게 온 편지를 뜯어보며 문법이나 따지는 그런 차가운 피를 가진 사람은 아닙니다. 그러나 틀린, 잘못된 부분은 기회가 되면 잡아주고는 싶어요. 제가 아는 선에서……

여름 : 153

때와 곳을 밝힐 수는 없지만, 제가 잘 아는 동생이 저와 헤어질 때, 꼭 "오늘 하루도 수고하세요"라고 인사합니다. 이 말을 들을 때도 많이 망설입니다. 당연히 지금도 망설이고 있습니다. 이걸 지적해야 하나 말아야 하나…….

'수고하다'는 "일을 하느라고 힘을 들이고 애를 씀. 또는 그런 어려움"을 말합니다.

그런데 이 '수고하다'는 자기보다 손아래 사람에게 쓰는 말입니다. 직장상사나 선배, 어른에게 쓰는 말이 아닙니다.

덤 | 오이소박이/오이속박이/오이소배기

오이의 허리를 서너 갈래로 갈라 그 속에 파, 마늘, 생강, 고춧가루를 섞은 '소'를 넣어 담그는 김치, 다 아시죠? 정확한 표기는 뭘까요? '오이소박이김치'의 준말인 '오이소박이'가 맞습니다.

오이 속에 뭔가를 박아 넣었다고 해서 '오이속박이'라고 하는 게 아니고, 오이 속에 소(송편이나 만두 따위를 만들 때 맛을 내기 위해 속에 넣는 여러 가지 재료)를 박았다고 해서, '오이소박이'입니다. '오이소배기'는 사투리고요.

금 서 돈

   어제 아침에 출근 전에 딸내미와 멋진 뽀뽀를 하고 있는데, 별 뜻 없이 틀어놓은 텔레비전 연속극에서 나오는 한 마디가 기분을 확 잡치더군요.

   KBS 아침 연속극인데, 어떤 딸이 첫 월급을 타서 아빠에게는 내의를 사드리고, 엄마에게는 금반지를 사드리면서, "엄마, 이거 세 돈이야"라고 말하는 겁니다.

   '세 돈'이 아니라 '서 돈'인데…….

   일반적으로 세 돈, 석 돈, 서 돈을 별 구분 없이 쓰는데요, '서 돈'이 맞습니다. '너 돈'도 마찬가집니다. '네 돈', '넉 돈'이 아니라 '너 돈'입니다.

   무슨 소리냐? 그건 옛날에 쓰던 말이지 않느냐고 하실지 모르지만, 아닙니다. 엄연한 표준말입니다.

〈표준어 규정〉 제17항에서 아래와 같이 규정했습니다.

제17항: 비슷한 발음의 몇 형태가 쓰일 경우, 그 의미에 아무런 차이가 없고, 그중 하나가 더 널리 쓰이면, 그 한 형태만을 표준어로 삼는다 (ㄱ을 표준어로 삼고, ㄴ을 버림).

ㄱ	ㄴ	
서(三)	세/석	보기) ~돈, ~말, ~발, ~푼
석(三)	세	보기) ~냥, ~되, ~섬, ~자
너(四)	네	보기) ~돈, ~말, ~발, ~푼
넉(四)	너/네	보기) ~냥, ~되, ~섬, ~자

위 규정에 따라, '세 돈, 석 돈, 세 말, 세 발, 세 푼'이라든지 '세 냥, 세 되, 세 섬, 세 자' 따위는 모두 잘못된 표현입니다.

또한 '네 돈, 네 말, 네 발, 네 푼, 너 냥, 네 냥, 너 되, 네 되, 네 섬, 네 자' 따위도 써서는 안 됩니다.

위와 같은 특정 수량 단위를 제외하면 '서/너, 석/넉'은 거의 쓰이지 않고 주로 '세/네'를 많이 씁니다.

우리말에 좀 헷갈리는 게 또 있습니다.

삼겹살 좋아하시죠?

삼겹살에서 '삼'이 틀렸습니다. 실은 '세 겹 살'이 맞습니다.

그러나 삼겹살로 굳어져 이제는 어엿한 표준어로 사전에 올라 있습니다. 이 삼겹살을 빼고 다른 모든 경우는 '세 겹'으로 써야 합니다.

하나 더, 3개월은 '세 달'이 맞을까요, '석 달'이 맞을까요?

전통적으로는 '석 달'이 맞는데, 요즘은 '석 달, 세 달' 모두 맞습니다.

그럼, 기계가 3개 있다는, '서 대, 석 대, 세 대, 삼 대' 가운데 어떤 게 맞을까요?

현실에 맞게, '되, 돈'은 '석 되, 서 돈'으로 새고, 기계 대수는 '세 대'로 새는 게 합리적입니다.

◆ 보태기
처음에는 틀린 말이었으나 자주 써서 표준어가 된 말이 여럿 있습니다. '도우미'가 그렇습니다. 1993년 대전 엑스포에서 처음 등장한 말인데, '도움이'가 표준어 규정에 맞습니다. 그런데 지금은 '도우미'가 사전에 올라 있습니다.

저, 오늘 구설수가 끼었다네요

저는 제가 왜 차를 샀는지 모르겠습니다. 만날('맨날'이 아닙니다) 이렇게 술 마시고 차 놓고 가면서…….
어제도 한잔해서 아침에 버스를 타고 출근했습니다.

출근길에 버스를 기다리면서 습관적으로 옆에 있는 공짜 신문을 집어 들었죠. 술이 덜 깨서 그런지 다른 글은 잘 보이지 않고, 오늘의 운세만 쉽게 보이더군요.
제 띠를 보니, 오늘 구설수가 있다네요.
오늘은 그 구설수에 대해서 이야기해보죠.

'구설수'(口舌數)는 "남에게 시비하거나 헐뜯는 말을 듣게 될 운수나 신수"를 말하는데요. 주로 운세에서 나오는 말로 '구설수가 있다/구설수가 끼었다' 따위로 쓰죠.

제가 드리고 싶은 말씀은, '구설'과 '구설수'는 다르다는 겁니다.
'구설'은 "시비하거나 헐뜯는 말"이고, '구설수'는 "시비하거나 헐뜯는 말을 듣게 될 운수"이므로, '-때문에 구설수에 휘말렸다' 처럼 쓰면 안 되죠. '-때문에 구설에 휘말렸다'로 써야죠.

다시 강조하지만, '구설수'의 '수'(數)가 '운수', '신수'를 뜻하므로 '구설수에 올랐다'는 표현은 맞지 않고, '구설에 올랐다/휘말렸다'고 해야 맞습니다.

그나저나 오늘 말조심, 몸조심해야겠습니다. 그래야 '구설'에 오르지 않죠.

◆보태기

'구설에 휘말렸다' 보다는, '입방아에 올랐다'가 훨씬 좋지 않나요? '입방아'의 뜻이 "어떤 사실을 화제로 삼아 이러쿵저러쿵 쓸데없이 입을 놀리는 일"로 '구설'과 딱 맞아떨어지지는 않지만, 그래도 '구설에 올랐다'나 '구설에 휘말렸다' 보다는 더 낫습니다.

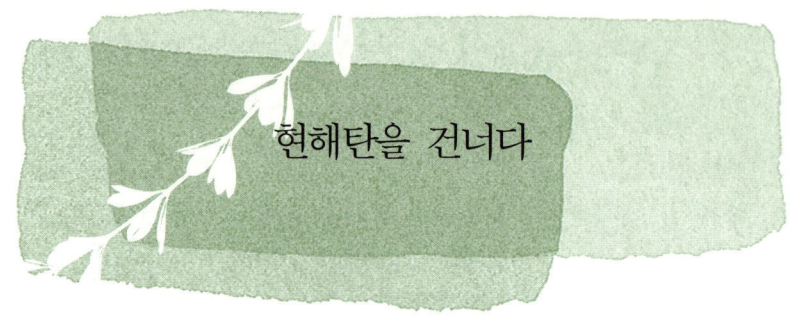

현해탄을 건너다

아침에 텔레비전 연속극을 보는데, 어떤 사기꾼이 사기를 치면서 "그 감독 현해탄 건너서 일본에 가셨다"라고 말하더군요. 사기꾼이라서 그런지 말도 사기꾼답습니다.

흔히 일본을 대신하는 말로 '현해탄'이라는 낱말을 쓰는 사람이 있습니다. 특히 썩어빠진 정치인들과 일부 방송에서 즐겨 쓰는 말로, '현해탄은 알고 있다/현해탄 격랑 예고' 따위죠.

현해탄은 우리나라 지명이 아닙니다.
일본에서 한자로 '玄海灘'이라고 쓰고, '겐카이나다'로 읽습니다.
그게 왜 현해탄이죠? '대한해협'이잖아요.
초등학교, 중학교, 고등학교 다닐 때 줄곧 '대한해협'이라고 배우지 않았나요?
나이 들어 머리에 뭔가 좀 든 것처럼 행세하려고 들다 보니, '대한해협'이라고 하면 좀 초라하게 느껴지고, '현해탄'이라고 하면 좀 거들먹거릴 수 있어서일까요?

대한해협을 현해탄이라고 말하는 것은, 우리 땅 독도(獨島)를 일본 한자표기를 빌려 죽도(竹島[다케시마])로 부르는 것과 같습니다.

생각해보세요.

'독도'를 '죽도'라고 하는 한국 사람이 있으면 그놈이 제정신이겠어요?

대한해협도 마찬가집니다.

대한해협을 현해탄이라고 하는 사람들은 모두 '뗑깡' 부리고 있는 겁니다. '뗑깡'이 뭐라는 말씀은 이미 드렸죠?

일본 정치인들이 시도 때도 없이 지껄이는 망언에 혼자 열 받을 게 아니라, 내가 쓰고 있는 일본말 찌꺼기와 일제 식민지 잔재부터 걷어낼 일입니다.

말 나온 김에 하나만 더 짚고 넘어갈게요.

일본에 간다는 말을 "일본에 들어간다"라고 하는 사람들이 있습니다. 그 말은 일제강점기 때 한국에 나와 있는 일본사람이 자기 나라에 들어가면서 하는 말입니다.

지금이 일제치하인가요?

그렇게 말하는 사람이 일본사람이에요?

아니잖아요.

근데 왜 일본에 '들어가는' 거죠?

그냥 일본에 간다고 하면 되잖아요.

어쭙잖게 외국물 먹은 사람들이 문제입니다.

더 큰 문제는 그 사람들이 하는 말이나 행동이 사회에 큰 영향을 미칠 수 있다는 것이고요.

배울수록 더 겸손해야 하는데……. ●

◆보태기

'현해탄'은 "대한해협 남쪽, 일본 후쿠오카 서북쪽의 바다"입니다.

부산과 일본 규슈 사이를 대한해협이라 하고, 이 대한해협에 쓰시마 섬이 있는데, 쓰시마 섬과 규수 사이의 바다가 바로 '현해탄'입니다. 일본 국립공원의 하나죠.

따라서 '현해탄' 대신 '대한해협'을 쓰는 것도 옳은 것은 아닙니다.

우리나라 사람이 현해탄이라는 낱말을 쓸 까닭은 거의 없습니다. 일본 지리책을 쓴다면 몰라도.

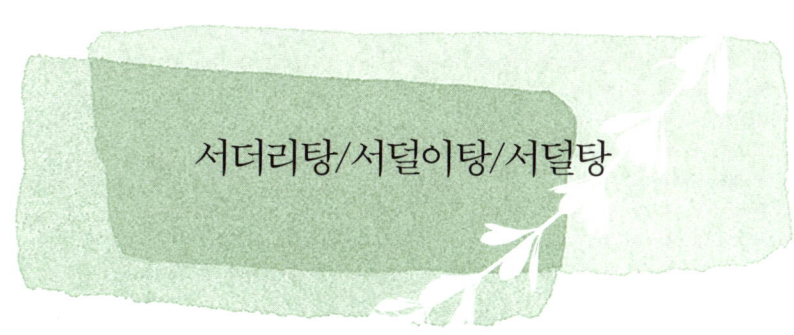

서더리탕/서덜이탕/서덜탕

오늘은 점심을 얻어먹었습니다. 저를 위한 자리가 아니고, 우연한 기회에 숟가락 하나 더 놓는다기에, 그냥 모른 척하고 꼽사리끼었습니다. 횟집에서 먹었는데, 참 맛있고 좋더군요.
점심 사주신 분, 고맙습니다.

회를 먹고 나면 나오는 탕이 있죠? 그 탕을 보니 생각나는 게 있어서요.

몇 년 전에 친구 부부와 저녁 식사를 할 때였습니다.
회를 먹고 나서, 차림표에 나온 대로 '서더리탕'을 주문했죠.
그걸 들은 친구의 아들 녀석이 "아빠, 서더리는 어떻게 생긴 고기야?"라고 묻더군요.

그때 그 친구가 아들에게 정확하게 알려줬습니다.
"서더리가 아니라 '서덜'이 맞고, 이것은 어떤 고기를 말하는 게 아니라 '생선의 살을 발라내고 난 나머지 부분. 뼈, 대가리, 껍질 따위를 통틀어 이르는 말'이란다"라고…….

맞습니다.
횟집에서 나오는 탕 가운데, 회를 뜨고 남은 고기뼈를 가지고 끓인 탕이 바로 '서덜탕'입니다.

오늘 점심 사주신 분, 다시 한번 고맙습니다.

◆보태기
1. "냇가나 강가 따위의 돌이 많은 곳"도 '서덜'이라고 합니다.
   '서덜'과 발음이 비슷한 '너덜'이란 낱말도 있습니다.
   "험한 바위나 돌 따위가 삐죽삐죽 나온 곳"을 '너덜'이라고 합니다.
   "돌이 많이 흩어져 있는 비탈"도 '너덜'이라고 하죠.
2. 꼽사리: "남이 노는 판에 거저 끼어드는 일"로 표준어입니다.

스승 사(師), 선비 사(士), 일 사(事)

　오늘 오전에 병원에 다녀왔습니다. 얼마 전에 건강검진을 받았는데, 다시 오라고 해서 겁먹고 갔더니 그냥 간덩이('간뎅이'가 아닙니다)가 조금 부었다네요.
　오랜만에 병원에 갔더니, 이것저것 새로운 게 많네요.
　병원에서, 나이 드신 어르신들도 의사선생님께는 꼬박꼬박 선생님이라는 호칭을 하는 것을 듣고, 오늘은 그 선생님에 대해 이야기해볼까 합니다.

　우리 조상님들은 '선생님'이라는 호칭을 함부로 쓰지 않았습니다. 딱 두 가지 직업에만 선생님이라는 호칭을 썼죠.
　학교에서 내 자식을 가르쳐주는 교사와 인간의 생명을 다루는 의사. 이 두 가지 직업을 가진 사람에게만 '선생님'이라고 불렀습니다. 그리고 그 두 직업을 가진 사람의 그림자도 밟지 않을 정도로 존경했고요('했구요'라고 하지 마세요).
　그런데 요즘은 그냥 윗사람을 높여 부르는 존칭이 되어버렸죠. 그러나 다행히도 한자에서는 명확히 구별합니다. 교사와 의사는 '教師',

'醫師'로 써서 스승 사(師) 자를 쓰고, 그 밖에는 대부분 선비 사(士)를 씁니다. 사(士)는 그 방면의 전문적 기능을 공인받거나 학문이 일정 수준에 이른 사람을 말합니다. 회계사, 변호사, 기능사, 변리사, 박사 따위죠.

교사, 의사와 함께 기독교에서 교직을 일컫는 목사는 '牧師'라고 스승 사(師) 자를 씁니다.

우리 영혼을 이끌어주시는 분이라서 그런지도 모르죠. 사(師)는 그 방면에 전문적 기능을 가진 사람이나 남을 가르치는 사람을 말합니다. 미용사, 기사도 스승 사(師) 자를 씁니다.

그리고 얼마 전에 대통령과 한 판 뜬 검사들 있었죠? "이쯤 되면 막가자는 거죠?"라는 말이 유행하게 된……. 이 검사는 '檢事'라고 써서 일 사(事) 자를 씁니다.

스승(師)도 아니고, 선비(士)도 아니고 그냥 일꾼입니다.

판사도 일 사(事) 자를 씁니다. 사(事)는 다스린다는 뜻과 관직의 뜻이 있습니다.

이왕 말 나온 김에, 사모님에 대해서도 알아보죠. 요즘은 윗사람의 부인을 존칭할 때 사모님이라고 하는데요. 예전에는 직업에 스승 사(師)를 쓰는 남자의 부인을 일컬을 때만 사모(師母)님이라는 존칭을 썼습니다.

그럼 '사모님'과 상대가 되는, 여자 선생님의 남편은 어떻게 부를까요? 그게 바로 사부(師夫)입니다. 스승을 뜻하는 사부(師父)와는 다른 한자를 씁니다. 표준화법에서는 '바깥어른'이라고도 합니다.

앞에서, 교사, 의사, 목사는 스승 사(師) 자를 쓴다고 했는데요. 그럼 의사 옆에 있는 간호사의 사는 어떤 한자를 쓰죠? '看護師'로 써서 스승 사(師) 자를 씁니다.

약사는? 약사도 '藥師'로 스승 사(師) 자를 쓰고, 이발사도 '理髮師'로 스승 사(師) 자를 씁니다.

옛날에는 이발사와 의사가 같았다고 하잖아요.

아무리 스승 사(師) 자를 써도 저는 의사와 간호사 옆에서 생활하고 싶지는 않네요.

덤 섬뜻하다/섬찟하다/섬뜩하다

"갑자기 소름이 끼치도록 무섭고 끔찍한 느낌이 드는 모양"을 뭐라고 하세요?

섬뜻하다? 섬찟하다? 섬뜩하다?

표준말은 '섬뜩하다'입니다.

'어둠 속에서 퍼런 서슬의 칼날이 섬뜩 비쳤다/불길한 예감이 섬뜩 지나갔다' 처럼 씁니다.

'섬뜻'과 '섬찟'은 국어사전에 없는 낱말입니다.

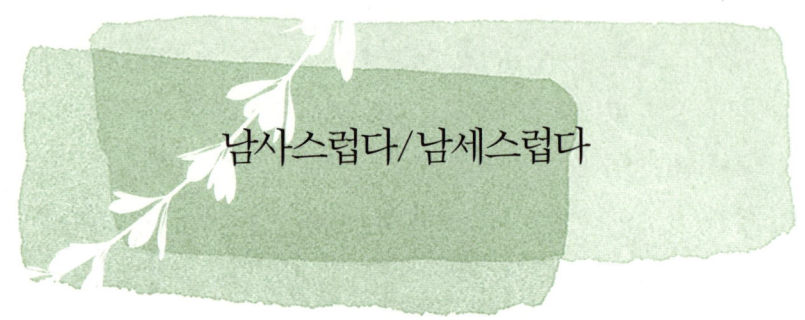

남사스럽다/남세스럽다

아침에 제가 일하는 어떤 단체에서 보낸 편지를 받았는데, 맞춤법 틀린 곳이 한두 군데가 아니더군요. 농업분야가 아닌 다른 분야에 계시는 분들도 이 전자우편을 읽을 거라고 생각하니 얼굴이 화끈거리더라고요. 말 그대로 남세스러워서 혼났습니다. 조금만 신경 쓰면 될 텐데……

제 책상에는 늘 국어사전이 있고, '국어책'이 있습니다.
그따위 책 읽을 시간에, 논문 한 편 더 보라는 사람도 있지만, 그런 사람치고 맞춤법 제대로 아는 사람 못 봤습니다.
영어도 중요하고 논문도 중요하지만, 기본적인 한글을 모르고서야 어찌 다른 일을 할 수 있겠습니까. 정말 남세스러운 일입니다.

남세스럽다는 말도 그렇습니다. 원형은 '남우세스럽다'로, "남에게 놀림과 비웃음을 받을 듯하다"라는 뜻입니다.

이 말을 '남사스럽다'라고 쓰는 경우가 많습니다.

얼마나 남세스럽습니까? 우리말부터 똑바로 알아야 다른 일을 하더라도 할 수 있죠. 그렇지 않아요?

말끝마다 "ㅇㅇㅇ해주십시요"라고 쓰고, "ㅇㅇㅇ할께요"라고 쓰며, "홍 길동"이라고 쓰는 것…….

몹시 부끄럽고 우세스러운 행동입니다.

> **덤** '좀더' 띄어쓰기
>
> 한글 맞춤법 제46항에 보면, "단음절로 된 낱말이 연이어 나타날 적에는 붙여 쓸 수 있다"라는 규정이 있습니다.
>
> 이에 따라, 그때, 그곳, 좀더, 큰것, 이말, 저말, 한잎, 두잎 따위는, 본래는 띄어 쓰는데, 붙여 써도 되는 겁니다.
>
> 따라서 '좀 더 큰 새 것'은 '좀더 큰 새것'으로 쓸 수 있고, '그 때 한 잎 두 잎 떨어졌다'는 '그때 한잎 두잎 떨어졌다'로 쓸 수 있으며, '이 곳 저 곳'은 '이곳 저곳'으로, "이 말 저 말'은 '이말 저말'로 쓸 수 있습니다.
>
> 다만 '이곳저곳'은 '여기저기'를 문어적으로 이르는 말로 '하루 종일 이곳저곳을 돌아다니다'처럼 붙여 써도 됩니다.

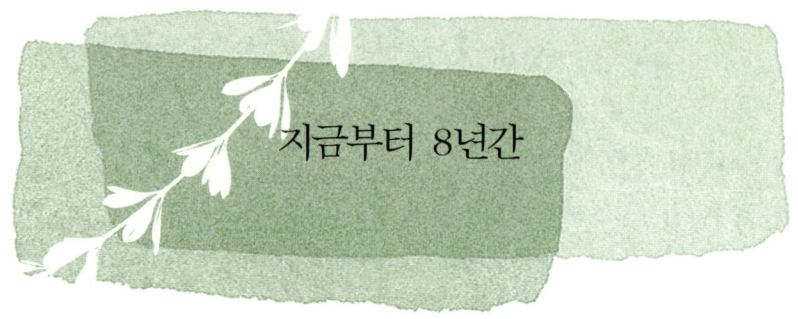

지금부터 8년간

지난주 토요일에, KBS에서 방송하는 〈스펀지〉라는 프로그램을 봤습니다. 생활 속에 숨어 있는 재밌는 내용을 많이 보여주는 프로그램입니다.

이번에는 10억 원이라는 돈의 가치를 알아보는 시간이 있었는데요. '24평 원룸'을 만 원짜리 지폐로 도배하는 데도 1억 7천만 원밖에 안 든다는군요. 그리고 그 10억이면, "지금으로부터 8년간 날마다 노래방을 갈 수 있는 돈"이라고 합니다.

어떻게 보면 큰돈이고, 어떻게 보면 현실감이 없어서 전혀 와 닿지 않는 돈이고…….

돈은 그렇다 치고, 저는 맞춤법 틀린 것이나 짚어내겠습니다.

먼저 아파트 크기를 말할 때, 24평이라고 하면 안 됩니다.

우리나라는 계량법 제11조에 의해 1963년 5월 31일부터 거래·증명(證明)에 미터법 외에는 쓰지 못하도록 규정하고 있으며, 1963년 12월 31일을 유예기한으로 하여 미터법의 완전실시(건물·토지 제외)가 행해지고, 1983년 1월 1일 시행령 부칙 제2조에 의해 건물·토지까지도 미터법을 쓰게 되었습니다.

24평이 아니라 79.34평방미터라고 표시해야 옳습니다. 당연히 쇠고기도 '한 근'이라고 하면 안 되고, 600그램이라고 해야 합니다. 우리 고유의 척관법을 따르지 않는 것은 문제지만, 현재 법이 그렇습니다.

두 번째 지적할 것은, "지금으로부터 8년간"이라는 말입니다.

'으로부터'는 어떤 행동의 출발점이나 비롯되는 대상임을 나타내는 격조사입니다.

'그 사람으로부터 나온 이야기/그곳으로부터 십 리 밖의 거리/시험으로부터 해방되다' 처럼 씁니다.

문제는 시간을 나타낼 때입니다.

지나간 시간인 과거를 말할 때는, "지금으로부터 5년 전"이라는 표현이 맞지만, 아직 오지 않은 시간인 미래를 말할 때는, "지금부터 5년"이라고 해야 합니다.

따라서 어떤 행사에서 사회를 볼 때도, "지금부터 행사를 시작하겠습니다"라고 해야지, "지금으로부터……"라고 하면 안 됩니다.

개고기 수육

요즘 날씨 덥죠?

어제 점심때는 어떤 분이, 여름 보양식으로는 개고기 수육이 최고라면서 같이 가자더군요.

마침 약속이 있어서 같이 자리하지 못했는데, 참 다행입니다. 저는 개고기를 못 먹거든요.

개고기는 못 먹어도 수육은 좋아하는데…….

수육은 '熟肉'에서 온 말로, "삶아 익힌 쇠고기"를 말합니다. 쇠고기만 수육이라는 낱말을 쓰지, 다른 고기에는 쓰지 않습니다.

따라서 '돼지고기 수육'이니, '개고기 수육'이니 하는 말은 옳지 않습니다.

한편, 제육은 '猪肉'에서 온 말로, "식용으로 하는 돼지의 고기"를 말하는데, '돼지고기'로 바꿔 쓰도록 권하는 말입니다.

어쨌든 현행맞춤법에 따르면 '개고기 수육'은 없고, 그냥 '삶은 개고기'일 뿐입니다.

그나저나 개들은 올여름을 어떻게 보낼지 걱정이겠네요.
"애들아, 나 떨고 있니?" ●

◆ 보태기
　　수육(獸肉): 쇠고기, 돼지고기 따위의 사람이 먹을 수 있는 짐승의 고기

덤 | 야로가 있다?

'야로'라는 말, 들어보셨나요? '야료'라고 하시는 분도 종종 있지요.
"남에게 드러내지 아니하고 우물쭈물하는 속셈이나 수작을 속되게 이르는 말"이 바로 '야로'입니다. '이 일에는 무슨 야로가 있는 것이 분명하다'처럼 씁니다.

이 낱말은 일본어 냄새가 물씬 풍기죠?
어쩐지 'やろ'[야로]에서 온 것처럼 느껴집니다.
그러나 이 '야로'는 우리말입니다. 일부 사전에서 속어로 처리했지만, 속어로 보건 안 보건, 뜻이 속되건 아니건 간에, 일본어와는 전혀 상관없는 우리말입니다.

작다/적다

며칠 전에 어디 세미나에 참석했다가 본 내용입니다.
"중국은 경작지가 적다. 호당 0.5ha에 불과하다."
정면 스크린에 떡하니 버티고 있는 그 글을 보니, 그 옆에 또 다른 자세로 떡하니 서 있는 발표자를 보게 되더군요.

그 발표자가 하려고 하는 말은, "중국은 가구별 경작 규모가 0.5ha 밖에 안 될 정도로 작다"라는 뜻일 겁니다. 그런데 안타깝게도 그 발표자는 '작다'와 '적다'의 차이를 모르더군요.

'작다'는 '크다'의 반대말로, "길이, 넓이, 부피 따위가 비교 대상이나 보통보다 덜하다"라는 뜻입니다. '깨알처럼 작은 글씨/키 작은 꽃/작고 조용한 마을/몸집이 작다'처럼 씁니다.

'적다'는 '많다'의 반대말로, "수효나 분량, 정도가 일정한 기준에 미치지 못하다"라는 뜻입니다. '수입이 적다/경험이 적다/관심이 적다/적지 않은 피해를 당하다'처럼 씁니다.

위에서처럼, "중국은 경작지가 적다. 호당 0.5ha에 불과하다"라고 하면, "전체 중국 국토 가운데 경작할 수 있는 농지가 많지 않다"라는 뜻이 됩니다.

발표자가 원하는 게 그런 뜻이 아니라, "……경작 규모가 호당 0.5ha에 불과하다"라는 뜻일 때는, "중국은 경작지가 작다"라고 해야 합니다.

말 나온 김에, "호당 0.5ha에 불과하다"도 문제가 있습니다.
먼저, '-당'은 이 지구상에서 우리나라와 일본밖에 쓰지 않는 말입니다. '-별'로 바꿔서 쓰도록 권하는 낱말입니다. '불과하다'도 '뿐이다'로 고쳐 쓰면 좋습니다.

따라서 "중국은 경작지가 적다. 호당 0.5ha에 불과하다"는 "중국은 가구별 경작 규모가 0.5ha밖에 안 될 정도로 작다", "중국은 가구별 경작 규모가 0.5ha뿐이다"로 고쳐 쓰시는 게 좋습니다.

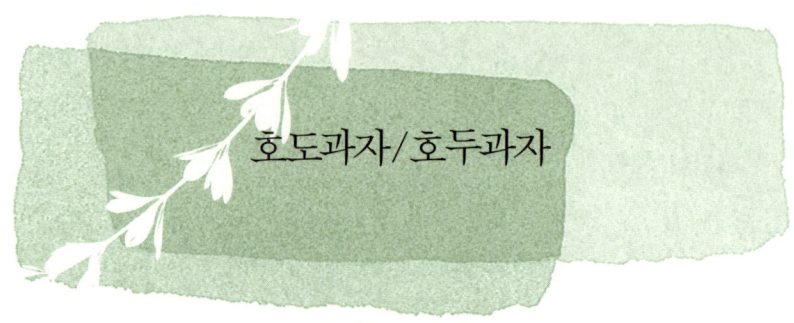

호도과자/호두과자

어제 오후에는 익산에 다녀왔습니다.
장맛비가 그친 뒤에 내리쬐는 햇살 때문에 무척 후텁지근하더군요. 별 수 없이 휴게소마다 들러 쉬면서 다녀왔죠.
돌아오는 길에 들른 한 곳에서는 딸내미가 좋아하는 호두과자도 사고…….
근데 그 과자 상자에 보니, '호도과자'라고 인쇄되어 있더군요.

'호두'는 본래 오랑캐 호(胡) 자와 복숭아나무 도(桃) 자를 쓰는데요. 원래는 '호도'였다가 지금은 '호두'가 표준어입니다.

우리말에는 양성모음은 양성모음끼리, 음성모음은 음성모음끼리 어울리는 모음조화 규칙이 있는데, 요즘은 이 규칙이 빠른 속도로 무너지고 있습니다. 모음 'ㅗ'가 'ㅜ'로 변해버린 거죠.

이에 따라 호도(胡桃)가 호두가 되고, 장고(杖鼓)가 장구가 되며, 자도(紫桃)가 자두가 된 거죠. 이런 경우 혼란을 막기 위해 어느 한 말을 표준어로 정하고 있는데, 모두 뒤에 오는 낱말을 표준어로 했습니다. 그래서 호두, 장구, 자두가 표준어입니다.

어젯밤에 딸내미가 호두를 참 잘 먹더군요.

덤 | 한창/한참

공사가 (한창/한참)인 아파트, 그는 (한창/한참) 말이 없었다, 요즘 앞산에는 진달래가 (한창/한참)이다, (한창/한참) 뒤에 나갔다, (한창/한참) 동안 기다리다

괄호 안에 어떤 말이 와야 할까요?

'한창'은 "어떤 일이 가장 활기 있고 왕성하게 일어나는 때. 또는 어떤 상태가 가장 무르익은 때"를 말합니다. '공사가 한창인 아파트, 요즘 앞산에는 진달래가 한창이다' 처럼 씁니다.
'한참'은 "시간이 상당히 지나는 동안"을 뜻합니다. '한참 뒤, 한참 동안 기다리다, 그는 한참 말이 없었다' 처럼 씁니다.

이렇게 '한창'과 '한참'은 발음은 비슷해도 뜻은 전혀 다릅니다. 잘 구별해서 쓰셔야 합니다.
따라서 요즘 논에서는 모내기가 '한참이다' 라고 하면 안 되고, 모내기가 '한창이다' 라고 해야 합니다.

조식/중식/석식

어제는 분당에 있는 주택공사 본사에 다녀왔습니다.

점심때 식당에서 밥을 먹었는데, 제가 근무하는 회사와는 차원이 다르더군요. 어찌나 좋은지. 같이 간 동료 말처럼 '삶의 질'이 달랐습니다. 조상 묘를 얼마나 잘 썼으면 그렇게 좋은 환경에서 직장생활을 할 수 있는지……. 저는 또 조상 묘를 얼마나 잘못 써서 이런 곳에서 사는지…….

식당은 좋지만 식당에 쓴 글은 엉터리더군요. 식당에는 조식, 중식, 석식이라는 일본말투성이고, 3층 강당 앞에는 '담배를 삼가주세요'라고 써야 할 것을 '담배를 삼가해주세요'라고 써놓고…….

'조식'은 한자말인데 '아침밥'이라고 쓰면 되고, '중식'은 일본에서 온 말인데, '점심'으로 바꿔서 쓰도록 권장하고 있고, '석식'이라는 낱말은 우리 국어사전에 없는 낱말입니다.

아침밥, 점심, 저녁, 얼마나 좋아요!

이걸 꼭 조식, 중식, 석식이라고 써야만 공공기관의 위신이 서나요?

그런 사람들은 조상 묘를 얼마나 좋은 곳에 썼는지는 모르지만, 아마도 '묏자리'를 '묘자리'나 '못자리'로 쓰고 다닐 겁니다.

오늘 제가 좀 심했나요?
그냥 배 아파서 한번 뒤대본 겁니다.

◆ 보태기

위에서 '아침밥, 점심, 저녁'이라고 썼는데요. '아침밥'을 '아침'이라고 해도 됩니다. '아침'이라는 낱말의 뜻에 "날이 새면서 오전 반나절쯤까지의 동안"이라는 뜻도 있고, "아침밥"이라는 뜻도 있습니다. '저녁'도 마찬가집니다. 이처럼 둘 다 쓸 수 있다는 것을 보이기 위해 '아침밥'과 '저녁'이라고 썼습니다.

숫놈들은 왜 바람을 피울까

오늘은 논에 가서 피사리하는 날입니다.
다행히 날씨가 별로 덥지는 않겠네요.
돌아오는 길에, 논에서 고둥 몇 마리 잡고, 도랑에서 미나리 한 줌 뜯어다가, 잘박잘박하게 된장 풀어 국이나 해 먹어야겠네요.

어제는 책을 좀 찾느라 인터넷 서점을 뒤졌습니다.
이것저것 찾고 있는데,『숫놈들은 왜 바람을 피울까』라는 도발적인 제목의 책이 눈에 띄더군요.
무슨 내용인지는 모르지만, 제목이 좀 거시기하네요.
더군다나 제목에 틀린 낱말까지 있습니다.
'숫놈'이라는 낱말은 국어사전에 없습니다.
'짐승의 수컷'은 '숫놈'이 아니라 수놈입니다.

현재 국어 맞춤법에서, 짐승의 수컷은 숫양, 숫염소, 숫쥐 이 세 개만 '숫'을 쓰고, 나머지는 모두 '수'로 쓰게 되어 있습니다.
따라서 '숫사자'가 아니라 수사자이며, '숫놈'이 아니라 수놈입니다.

거기에 수캉아지, 수캐, 수컷, 수키와, 수탉, 수탕나귀, 수톨쩌귀, 수퇘지, 수평아리, 9개의 낱말은 거센소리를 인정합니다.
곧, 개의 수컷은 '숫개'도 아니요, '수개'도 아닌, 수캐가 맞습니다.

좀 그렇죠?

덤 | 용빼는 재주

흔히, "아주 뛰어난 재주"를 보고 '용빼는 재주'라고 하는데요.
여기에 나온 '용'은 전설상의 동물인 용(龍)을 가리키는 말이 아니고, 새로 돋은 사슴의 연한 뿔을 가리키는 녹용의 준말인 용(茸)입니다.
살아 있는 사슴의 머리에서 이 녹용을 뺄 때는 날랜 솜씨와 재주가 필요한데, 바로 그런 기술을 일러 '용빼는 재주'라 한 것입니다.
그 말이 요즘은, 남다르게 큰 힘을 쓰거나 큰 재주를 지니고 있는 것을 가리키는 말이 된 거죠.
저는 아쉽게도 '용빼는 재주'가 없네요.

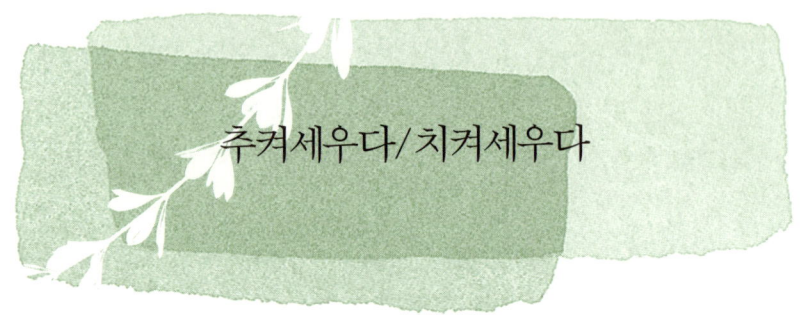

추켜세우다/치켜세우다

주말 잘 보내셨죠?

남들은 휴가 가는데 저는 지난 토요일, 논바닥에서 열심히 굴렀습니다. 두 개 대학, 세 개 연구소, 두 개 회사, 한 방송국에서 20여 명이 참여한 큰 실험을 했거든요.

보통 실험하는 연구자 옆에는 그 연구를 도와주는 동료가 있습니다. 저도 마찬가지로 그런 동료와 함께 일을 하는데요. 지난 토요일은 오전 9시부터 밤 11시까지 그 친구들이 고생을 참 많이 했죠. 이 자리를 빌려 고맙다는 말을 전합니다.

저와 같이 일을 하는 제 동료들은 무슨 일을 할 때 늘 생각을 하면서 일을 합니다. 그 덕분에 미처 제가 생각하지 못한 것을 지적해줄 때가 많죠. 저는 이런 친구들을 다른 사람을 만날 때마다 치켜세워줍니다. 같이 생활하지 않아서 잘 모르는 분에게 이 친구들의 참모습을 소개해주는 거죠.

흔히, 다른 사람을 "크게 칭찬하다"라는 뜻으로 '추켜세우다' 라는 말을 많이 쓰는데 이는 잘못된 겁니다.

'추켜세우다'는 "위로 치올리어 세우다"라는 뜻으로, '눈썹을 추켜세우다/몸을 추켜세우다' 처럼 씁니다.

다른 사람을 칭찬할 때는 '추켜세우다'가 아니라, '치켜세우다'를 써야 합니다.

지난 토요일, 쉬는 날이고 휴가 가는 날임에도 아랑곳하지 않고, 실험에 함께해주신 모든 분들께 가슴 깊은 곳에서 우러나는 고마운 마음을 전합니다.
고맙습니다.

두리뭉술/두루뭉술/두루뭉수리

오늘도 상당히 덥겠죠?

요즘 뉴스는 그야말로 'X 파일' 천지네요. 정치하는 사람들이 다 그렇지 뭐……, 하고 넘어가기에는 너무도 화가 납니다. 그런 사람들이 우리 같은 보통사람을 어떻게 생각할지……. 발가락의 때만큼이나 생각할지…….

그러면서도 국민을 위한 정치를 한다고 나불거리니…….

그런 썩은 냄새 진동하는 정치판의 방망이 소리에 따라, 아무 힘없이 움직이는 우리는 뭔지……. 이번만은 '두리뭉실' 하게 넘어가지 말자는 한 시민의 말이 생각나네요.

흔히, "말이나 행동이 분명하지 아니한 상태"를 '두루뭉실' 또는 '두리뭉술' 하다고 하는데요.

'두루뭉술' 과 '두루뭉수리' 가 맞습니다. '두리뭉술' 이 아니고요.

'두루' 는 "빠짐없이 골고루"라는 뜻이고, '뭉수리' 는 "모가 나지 않음"이라는 뜻이죠.

무슨 일을 하든 맺고 끊음이 분명해야 한다잖아요.
'구렁이 담 넘어가듯' 두루뭉수리로 넘기지 말고…….

이번 일도 제발 어물쩍어물쩍 그냥 넘기지 말고('어물쩡'이 아닙니다), 속 시원하게 밝혀주길 바랍니다. 누굴 처벌하자는 게 아니라 사실을 좀 알자는 겁니다. 그래야 반성하는 시간을 갖죠. 그래야 역사가 발전하는 것이고. ●

> **덤** | 잔반/짬밥/대궁
>
> 여러분, '대궁'이 뭔지 아세요?
> "먹다가 그릇에 남긴 밥"을 뜻하는 순 우리말이 바로 '대궁'입니다.
> 군대에서 많이 들었던 '짬밥'이 바로 '대궁'이지요.
>
> '짬밥'은 실은 '잔반(殘飯, ざんぱん[잔반])이라는 일본말에서 왔습니다.
> 국립국어원 『표준국어대사전』에서 '잔반'을 찾아보면, "먹고 남은 밥"이라고 풀어놓고, '남은 밥', '음식 찌꺼기'로 바꾸도록 했습니다.
>
> '잔반'이건 '짬밥'이건 다 버리고, '대궁'이라는 낱말을 쓰면 어떨까요?

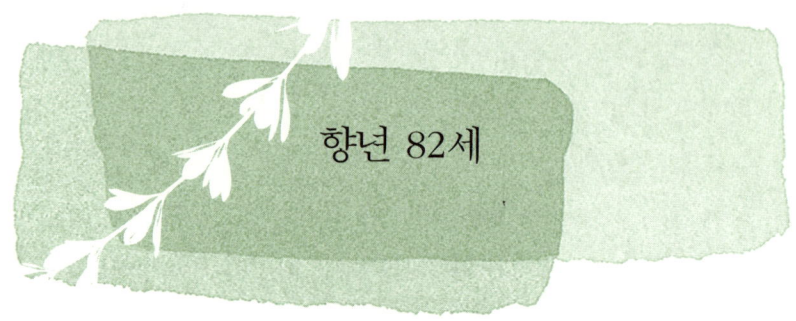

향년 82세

어제 뉴스에서 들으니 사우디 국왕이 죽었다고 하더군요. 어느 나라 국왕이 죽든 저는 상관없지만, 그래도 맞춤법은 따져야죠?

뉴스에서 사우디 국왕의 죽음을 소개하면서, "향년 82세"라고 하더군요.

향년(享年)은 "한평생 살아 누린 나이"로, 죽을 때의 나이를 말할 때 씁니다. 산사람에게는 쓰지 않습니다. '향년 82세를 일기(一期)로 어디 국왕이 별세하다' 처럼 쓰죠. 뉴스에서 '향년'이라는 낱말을 알맞게 잘 쓴 겁니다.

어떤 경우에는 나이를 말할 때, '방년'(芳年)이라는 낱말을 쓰기도 합니다.
'방년 십팔 세/방년 스물의 꽃다운 나이' 처럼 쓰죠.
그러나 이 '방년'은 "이십 세 전후의 한창 젊은 꽃다운 여자의 나이"를 뜻합니다.

남자에게는 '방년'이라고 하지 않습니다.

방년의 방 자가 향기로울 방(芳)이잖아요. 꽃다운 여자에게서 향기가 나지, 남자에게서는 땀 냄새밖에 더 나겠어요?

'재원'(才媛)이라는 낱말도 '방년'과 마찬가지로 여자에게만 씁니다. 남자에게는 쓰지 마세요.

참, 어제 제가 근무하는 회사에 새로 온 신입사원 세 명을 봤는데, 모두 남자더군요.
'재원'이라고 해서 기대가 컸는데…….
'재원'이 아니라 '재자'(才子)인 것 같더군요.

오늘도 좋은 하루 보내세요.

◆ 보태기

'재원'은 "재주가 뛰어난 사람"을 말하는 게 아닙니다.
'재원'은 재주 재(才)에 미인 원(媛)을 써서, "재주가 뛰어난 젊은 여자"만을 말합니다.
"재주가 뛰어난 젊은 남자"는 '재자'(才子)나 '재사'(才士)라고 합니다.

맨숭맨숭/맹숭맹숭/맨송맨송

요즘 무척 덥죠?
이 더운 날씨에 논에 나가서 일하는 것을 제 부모님이 보시면 뭐라고 하실지······.

논에서 일할 때는 누가 뭐래도 술이 한 잔 들어가야 일이 잘됩니다. 그런 때는 몇 잔 마셔도 취하지도 않죠. 몇 잔 들어가면 정신은 말짱하면서 피곤함도 잊은 채 일할 수 있거든요.

어제는 퇴근 후에 고향 친구와 맥주를 한잔했습니다. 좋은 친구를 만나서 술을 마시니 취하지도 않더군요. 말짱한 정신으로 새벽에 들어갔습니다.

흔히, "술을 마시고도 취하지 아니하여 정신이 말짱한 모양"을 '맨숭맨숭'이나 '맹숭맹숭'이라고 하는데요. 그건 '맨송맨송'이 맞는 표현입니다.

"몸에 털이 있어야 할 곳에 털이 없어 반반한 모양, 산에 나무나 풀이 우거지지 아니하여 반반한 모양"도 '맨송맨송'이라고 합니다. '나이가 들어 머리털이 맨송맨송 다 빠졌다'처럼 쓰죠.

표준어 규정에, 양성모음이 음성모음으로 바뀌어 굳어진 낱말은 음성모음 형태를 표준어로 삼는다는 항목이 있습니다.
따라서 "의좋게 지내거나 이야기하는 모양"도 '오손도손'이 아니라 '오순도순' 입니다.
'오랜만에 만난 형제들끼리 오순도순 이야기를 나누었다'처럼 쓰죠.

아무리 드실 게 없어도, 더위는 먹지 마세요.

운명을 달리하다/유명을 달리하다

휴가 때 쌓인 편지 가운데 'ㅇㅇㅇ가 운명을 달리하셨습니다'라는 꼭지의 편지가 있네요. 제가 잘 아는 분인데, 이번에 지병으로 돌아가셨군요. 고인의 명복을 빕니다.

'ㅇㅇㅇ가 운명을 달리하셨습니다'라는 이 전자우편의 제목은 잘못 되었습니다. '운명'(殞命)은 "사람의 목숨이 끊어짐"을 뜻합니다. '운명을 달리했다'고 하면, '목숨이 끊어신 것을 달리했다'는 말인데, 좀 이상하잖아요.

운명을 달리한 게 아니라, '유명'을 달리했다고 해야 합니다.

'유명'(幽明)은 "어둠과 밝음을 아울러 이르는 말" 또는 "저승과 이승을 아울러 이르는 말"입니다.

누군가 돌아가시면 당연히 '유명을 달리했다'고 해야지, '운명을 달리했다'고 하면 안 됩니다. 굳이 '운명'을 쓰고 싶으면, '운명했다'고 하시면 됩니다.

그 선배님의 명복을 빕니다.

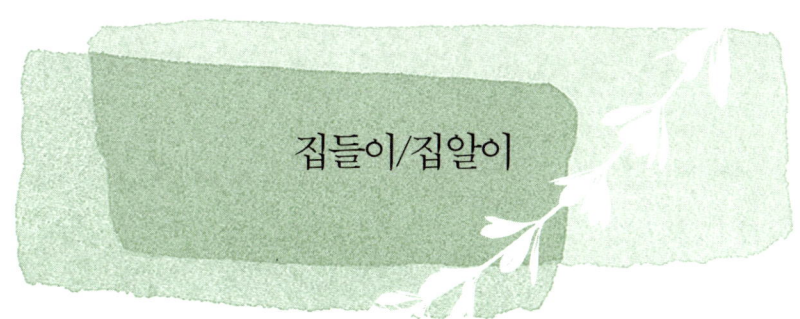

집들이/집알이

어제까지 휴가였습니다.
작년, 재작년에도 휴가를 못 갔는데, 올해는 그래도 며칠이나마 좀 쉬었습니다.

사무실에 돌아와 컴퓨터를 켜니 처리해야 할 일도 많고, 이것저것 편지가 많이 와 있네요.
여러 편지 가운데, 제가 근무하는 회사 직원이 집들이에 초대한다는 편지가 있네요.

흔히 집들이 초대를 받고, '집들이 간다'고 하죠?
그것은 잘못된 말입니다.

'집들이'와 '집알이'는 다른데요.

'집들이'는 새 집에 이사 간 이가 사람들을 초대하는 것을 말합니다.
곧, "이사하여 새로운 집으로 옮겨 들어감, 이사한 후에 이웃과 친지를 불러 집을 구경시키고 음식을 대접하는 일"을 '집들이'라고 하죠.

'집알이'는 "새로 집을 지었거나 이사한 집에 집 구경 겸 인사로 찾아보는 일"입니다.

따라서 회사 직원이 '집들이'를 하면, 저는 그 집에 '집알이'를 가는 겁니다.

집들이 선물로 성냥이나 비누를 사가는 까닭은 잘 아시죠?

덤 | 이대일/이 대 일

축구나 야구 같은 운동경기 얘기를 하다 보면 승부가 '몇 대 몇'이라는 말들, 많이 나오죠?

만약 월드컵에서 우리나라가 브라질을 상대로 '이대일'로 이겼다고 했을 때, '이대일'은 어떻게 띄어 써야 할까요?

여기에 쓰인 '대'(對)는 대할 대, 또는 상대 대 자로, "사물과 사물의 대비나 대립을 나타내는 말"을 뜻합니다.

'민주주의 대 공산주의/개인 대 개인/지상 대 공중/청군 대 백군'처럼 앞 낱말과 띄어 씁니다.

따라서 이대일도, '이 대 일'로 띄어 써야 합니다.

광어보다는 넙치가 좋다

요즘은 포장마차에서 회도 파네요.

회 이야기에 앞서서, 설마 아직도 '곰장어'나 '아나고'를 주문하지는 않으시겠죠?
'곰장어'는 '갯장어'나 '먹장어'라고 해야 하고, '아나고'는 '붕장어'라고 해야 합니다.

회 이야기로 돌아와서, 횟감으로 가장 흔한 게 '광어'와 '도다리'겠죠? 도다리는 우리말을 쓰면서 광어는 왜 안 쓰는지 모를 일입니다.

광어(廣魚)에 맞대는 우리말이 뭔지 아세요?
그게 바로 '넙치'입니다. '넙치'를 두고 '광어'라는 한자를 쓸 아무런 까닭이 없습니다.

설마하니 '넙치'라고 하면 회 맛이 떨어지고, '광어'라고 해야 회 맛이 나는 것은 아니겠죠?

말 나온 김에, 횟집에서 회를 내오기 전에 주는 가벼운 안주를 '쓰키다시'라고 하죠?

이 말은 '突出し'(つきだし〔쓰키다시〕)라는 일본말입니다.

갑자기 돌(突), 나타날 출(出)을 써서, "본 요리 앞에 내는 작은 그릇에 담긴 요리, 술안주로 내는 작은 안주거리"라는 뜻입니다.

이 '쓰키다시'를 우리말로 바꾸면 뭐가 될까요?
국립국어원에서는 '곁들이'나 '곁들이 안주'로 바꿨습니다.
한글학회에서는 '덤음식'을 추천하고, 어떤 분은 '기본반찬'을 쓰는 게 좋을 거라고 하네요.
뭘 쓰건 간에 '쓰키다시'는 안 써야겠죠?

말 나온 김에, '생선회'를 '사시미'라고 하지는 않으시죠?
지금도 가끔 '사시미'라는 낱말을 듣긴 하는데요.
이 '사시미'는 일본어로 '刺身'(さしみ〔사시미〕)입니다.
한자를 풀어보면, 찌를 자(刺), 몸 신(身) 자를 써서 칼로 (고기의) 몸을 찌른다는 뜻입니다.

신선한 생선을 회로 먹는 것은 좋지만, 한자가 좀 거시기하죠?
이런 거시기한 한자를 굳이 쓸 필요가 없고, 더군다나 일본어 '사시미'를 쓸 까닭은 더더욱 없겠죠.

◆ 보태기

편지 내용 가운데, "손님이 술 한잔하려는데 안주가 없을까봐"에서 '한잔하려는데'를 '한 잔 하려는데'처럼 띄어 쓰지 않았습니다. 왜 그럴까요?
답은 '한잔하다'라는 낱말이 국어사전에 있기 때문입니다. 사전에 있는 낱말은 붙여 쓴다고 말씀드렸죠?
'한잔하다'는 "간단하게 한 차례 술을 마시다"라는 뜻입니다.

덤 | 설레이다/설레다

'스무 살의 설레이는 순간에서부터, 학사모를 쓴 졸업식장에서……'라는 글을 본 적이 있는데요, 뭔가 이상하지 않으세요?

여기서 '설레이는'이 아니라 '설레는'이 맞습니다.

"마음이 가라앉지 아니하고 들떠서 두근거리다"라는 뜻의 낱말은, '설레다'지 '설레이다'가 아닙니다.

백 보 천 보 양보해서, 시에서 '설레이다'를 썼다고 해도 그것은 어디까지나 운을 맞추기 위한 것입니다. 맞춤법에 따르면 '설레다'가 맞고, 이 명사형은 '설레임'이 아니라 '설렘'입니다.

비슷한 경우로, '헤매이다'가 아니라 '헤매다'이고, '목메이다'가 아니라 '목메다'입니다.

뒤치닥거리/뒤치다꺼리

저는 지금 울진에 있습니다.
지난 수요일부터 이번 주말까지 있어야 합니다.

친환경농업 국제학술대회에 준비차 왔는데, 하다 보니 제가 쫄따구(졸개의 전라도 방언)라서 할 일이 무척 많네요. 이것저것 뒤치다꺼리도 해야 하고.

흔히, 뒤에서 일을 보살펴서 도와주는 일이나 뒷바라지를 '뒤치닥거리'라고 하는데, 이것은 틀린 말입니다.
'뒤치다꺼리'가 맞습니다.
'애들 뒤치다꺼리에 바쁘다/사람이 많으니 뒤치다꺼리도 힘들다/뒤치다꺼리를 하려고 늦게까지 남아 있었다'처럼 씁니다.

이런 일도 이제 힘드네요.
저도 불혹이 얼마 남지 않아서……

◆ 보태기

이름씨 뒤에 붙거나 어미 '-을' 뒤에 쓰여, "내용이 될 만한 재료"를 뜻하는 '거리'는, 국거리/논문거리/반찬거리/비웃음거리/일거리/이야깃거리처럼 쓰이는데, '꺼리'로 쓰이는 경우는 '뒤치다꺼리, 입치다꺼리, 치다꺼리' 이렇게 세 가지입니다.

덤 | 대중요법/대증요법

저희 집 식탁 위에는 꿀에 잰 마늘이 있습니다. 제가 무릎이 좋지 않은 것을 아시고, 어머니께서 정성스레 만들어주신 겁니다. 꿀에 잰 마늘이 무릎에 좋은지 나쁜지는 몰라도, 어머니의 사랑을 날마다 먹으면 건강 걱정은 안 해도 되겠죠?

보통사람들에게 잘 알려진 치료방법을 흔히 '대중요법'이라고 하는데요. "병의 원인을 찾아 없애기 곤란한 상황에서, 겉으로 나타난 병의 증상에 대응하여 처치를 하는 치료법"은 '대중요법'이 아니라 '대증요법'(對症療法)입니다.

열이 높을 때에 얼음주머니를 대거나 해열제를 써서 열을 내리게 하는 따위가 이에 속하죠.

보통사람들에게 잘 알려진 치료방법이라서 대중(大衆)을 떠올리고, '대중요법'이라고 생각할 수도 있는데, '대중요법'이라는 낱말은 없습니다.

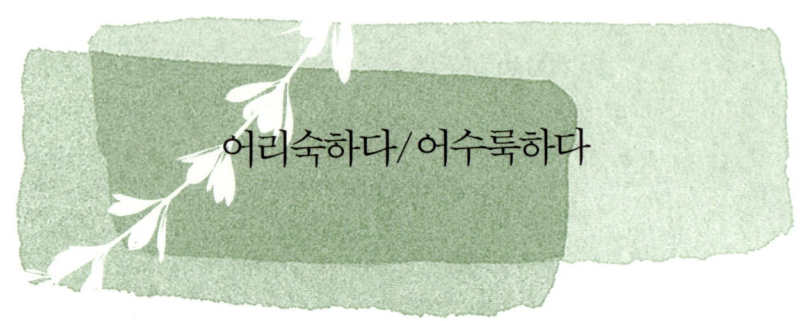

어리숙하다/어수룩하다

날씨가 무척 덥죠?
이번 주말에 비가 온다니 기대를 해보겠습니다.

오늘은 지난 주말에 어떤 분과 나눈 이야기를 소개해드릴게요.
그분이 이런 말씀을 하시더군요.
"사람은 약간 어리숙한 데가 있어야 남들과 어울릴 수 있다. 그런데 너는 그렇지 못하다. 너 같은 사람은 큰 고민이 있을 때 남과 풀지 못하고 혼자 힘들어한다."

맞습니다. 약간은 빈틈이 있어야 남들과 잘 어울릴 수 있겠죠. 물이 너무 맑으면 고기가 살지 못한다고 하잖아요.

그런데 저는 너무 완벽하거나 너무 맑아서 그런 게 아니라, 오히려 너무 어수룩해서 힘든 모양입니다.

흔히, "되바라지지 않고 매우 어리석은 데가 있다", 또는 "말이나 행동이 순진하거나 좀 어리석다"라는 뜻으로, '어리숙하다'는 말을 많이 쓰는데요. 이는 틀린 겁니다. '어수룩하다'가 맞습니다.

'호락호락 넘어갈 만큼 어수룩하지 않다/보통 때는 그렇게 어수룩하던 그가……' 처럼 씁니다.

오늘은 작은 것에 너무 집착하지 마시고, 가끔은 그리고 약간은 어수룩한 구석을 만들어보세요. 남들이 기뻐할 겁니다.

덤 | '축제'가 아니라 '잔치'

혼히, "축하하여 벌이는 큰 규모의 행사"를 '축제'라고 하는데요.
이 '축제'도 일본어 '祝祭'(しゅくさい[슈쿠사이])에서 온 말입니다.
일찍이 국립국어원에서 '잔치', '축전'으로 다듬었습니다.
여러 학자가 고민 끝에 다듬은 말입니다.
그런 말을 안 쓰고 굳이 일본말 찌꺼기를 쓰는 까닭이 뭘까요?
잔치라고 하면 촌스럽게 보이나요? 아니면 동네 어르신들 모시고 벌이는 소박한 자리 같은 느낌이 들어서 왠지 큰 규모로 벌이는 것에는 안 어울린다고 생각하기 때문일까요?
잔치라고 쓰면 안 되고 꼭 축제라고만 써야 할까요?
저 같으면, 'ㅇㅇㅇ축제'라고 하면 안 가도, 'ㅇㅇㅇ잔치'라고 하면 열 일 제치고 찾아갈 겁니다.

곡차

이런 날 곡차를 마시면서 거창한 인생을 이야기하면 좋은데…….

요즘 우리말 편지에서 곡차 이야기를 몇 번 소개했더니, 앞으로는 좀 삼가달라는 분이 계셨습니다. 지금 이 우리말 편지를 받는 사람 가운데는 학생도 있다면서…….

맞습니다.

우리말 편지를 받는 분이 많아지니까 제 책임도 더 커지네요.

오늘까지만 곡차 이야기를 하고 앞으로는 되도록 하지 않겠습니다, 되도록…….

시인 조지훈은, "술을 마시는 게 아니라 인정을 마시고, 술에 취하는 게 아니라 흥에 취한다"라고 했습니다. 제가 곡차통 속에서 헤엄치면서 자주 중얼거리는 말입니다.

또 누군가는 "주신(酒神)은 해신(海神)보다 더 많은 사람을 익사시켰다"라고도 했습니다.

다 좋은 말이죠.

오늘은 술과 관련 있는 우리말을 소개해드릴게요.
몇 개 기억해두셨다가 알맞게 써보세요.

먼저, 술을 담글 때에 쓰는 지에밥은 술밥이라고 합니다.
지에밥은 술밑으로 쓰려고 찹쌀이나 멥쌀을 물에 불려서 시루에 찐 밥을 말합니다.

술을 따를 때, 술을 부어 잔을 채우는 것을 치다라고 하고, 술이 잔에서 넘치도록 많이 따르는 것을 안다미로라고 합니다.

술을 마실 때, 맛도 모르면서 마시는 술은 풋술이고, 술 많이 마시는 내기는 주전(酒戰)이라 하고, 안주 없이 마시는 술은 강술이라고 하며, 미친 듯이 정신없이 술을 마시는 것은 광음(狂飮)입니다.

술기운이 차츰 얼굴에 나타나는 모습은 우럭우럭이라고 합니다.
술에 취해 거슴츠레 눈시울이 가늘게 처진 모습은 간잔지런하다고 하고, 술에 취해서 눈에 정기가 흐려지는 것을 개개풀어지다라고 합니다.
얼굴빛이 술기운을 띠거나 혈기가 좋아 불그레한 상태는 불콰하다고 하며, 술기운이 몸에 돌기 시작해 딱 알맞게 취한 상태를 거나하다고 합니다.
술이 거나하여 정신이 흐릿한 상태는 건드레하다고 하며, 비슷한 상태인, 몹시 취하여 정신이 어렴풋한 상태를 얼큰하다나 얼근하다고 합니다.

알딸딸하다도 비슷한 상태를 나타냅니다.

술을 지나치게 많이 마셔서 정신이 없는 것을 주전(酒癲/酒顚)이라고도 합니다.

소주를 너무 많이 마신 탓에 코와 입에서 나오는 독한 술기운은 소줏불입니다.

술을 한량없이 마시는 모양, 또는 그런 상태를 억병이라고 합니다.

술에 취한 모습을 나타내는 우리말에는 먼저, 해닥사그리하다라는 게 있습니다. 술이 얼근하게 취하여 거나한 상태를 말하죠. 해닥사그리한 단계를 지나 정신을 못 차릴 정도로 취한 상태를 곤드레만드레라고 하고, 술에 몹시 취하여 정신을 가누지 못하는 상태나 또는 그런 사람을 고주망태라고 합니다.

술에 먹힌 다음 정신없이 쓰러져 자는 것은 곤드라졌다고 합니다. 곯아떨어지다와 같은 말이죠. 술에 취하여 정신없이 푹 쓰러져 자는 것을 군드러지다라고도 합니다.

술에 취하여 자질구레한 말을 늘어놓음, 또는 그 말은 잔주라고 하고, 술 마신 뒤에 버릇으로 하는 못된 언행은 주사(酒邪)라고 하며, 술에 취하여 정신없이 말하거나 행동함, 또는 그런 말이나 행동은 주정(酒酊)이라고 합니다. 술에 잔뜩 취한 것은 만취(漫醉/滿醉)나 명정(酩酊)이라고 하지요.

술 마신 다음 날, 술 취한 사람의 입에서 나는 들쩍지근한 냄새를

문뱃내라고 하고, 정신이 흐려 생각이 잘 떠오르지 않고 흐리멍덩한 상태는 옹송옹송하다고 합니다.

전에 보내드린 편지에서 말씀드렸듯이, 술을 마셔도 취기가 없어 정신이 멀쩡한 상태는 맨송하다나 민숭하다고 합니다. 술을 마시고도 취하지 않고 맨송맨송하면 본전 생각날 것 같지 않아요? 술은 취해야 제 맛인데…….

누구처럼, 늘 대중없이 술을 많이 마시는 사람을 모주망태라고 합니다(저 아닙니다).

끝으로 술잔에 대해서 알아볼게요.
배(杯)는 나무로 만든 술잔, 잔(盞)은 낮고 작은 잔, 상(觴)은 물소나 쇠뿔로 만든 잔, 작(爵)은 쇠로 만든 발이 달린 술잔으로 보통 한 되들이 정도의 큰 잔, 굉(觥)은 소의 뿔로 만든 잔을 말합니다.

그나저나 사람들은 왜 술을 마실까요?

오늘은 제발 술 마실 기회가 없기를 빕니다.
저는 주님(酒-)을 따르지 주신(酒神)을 따르지는 않사옵니다.🍀

미꾸리/미꾸라지

어제는 동료와 함께 오랜만에 추어탕을 먹었습니다.

요즘은 추어탕이라고 안 하고 '미꾸리탕'이라고 많이 하더군요. 여기에 쓴 '미꾸리'가 표준어일까요?

'미꾸라지'를 넣고 끓인 국을 추어탕이나 미꾸라짓국이라고 하는데, 이 재료로 들어가는 민물고기는 '미꾸라지'가 표준어입니다. '미꾸리'는 경기, 강원, 충청 지방의 사투리입니다.

좀 다른 이야긴데, 토끼와 거북이에 나오는 거북은 '거북'이 맞을까요, '거북이'가 맞을까요?

이건 둘 다 맞습니다. 복수 표준어죠.

만약 '거북이'만 표준어라면, 이순신 장군이 만든 배는 '거북선'이 아니라 '거북이선'이 맞겠죠.

◆ 보태기

1. 우리가 흔히 먹는, '미꾸라지'를 넣고 끓인 국을 추어탕이나 미꾸라짓국이라고 하는데, 이 재료로 들어가는 민물고기는 '미꾸라지'가 맞습니다.
'미꾸리'는 '미꾸라지'를 뜻하는 경기, 강원, 충청 지방의 사투리이고, 동시에 미꾸라지와 비슷한 다른 물고기입니다.

2. '미꾸리' 어원

흔히 미꾸리나 미꾸라지가 손으로 잡기 어려울 정도로 미끄러워, 여기서 갈라진 말이라 생각하기 쉬운데 전혀 엉뚱한 데서 유래한 말이라더군요. 미꾸리나 미꾸라지는 모두 아가미 호흡을 하지만, 물속에 산소가 부족하면 물 위로 올라와 입으로 공기를 마시고 이 공기를 창자로 내려 보내 호흡한 뒤(창자호흡) 대신 이산화탄소를 방울방울 항문으로 내보낸답니다. 이 방울이 똥구멍에서 뽀글뽀글 나오니 '밑이 구린 놈'이 되고 '밑이 구리다'가 밑구리→미꾸리가 됐다는 것이지요.

저는 이 얘기를 저희 신문사의 환경전문기자한테 들은 적이 있는데, 최근 읽은 권오길 강원대 명예교수의 『열목어 눈에는 열이 없다』에서 다시 한번 확인했어요.

미꾸라지는? 글쎄요. 제 생각에는 이놈은 제대로 생긴 데서 유래한 말이 아닐는지요. 매/미가 옛말에서는 물을 뜻하고 여기서 매끄럽다/미끄럽다가 생겼다는 설도 있나 봅니다(출처: 한겨레신문 이근영 기자).

벼농사

비가 온 뒤라 날씨가 꽤 시원해졌죠?
어제 오전에 논에 나가봤더니 벌써 이삭이 팼더군요.

아시는 것처럼 저는 농사짓고 삽니다. 농사 하면 뭐니 뭐니 해도 벼농사죠.
오늘은 벼농사와 관련된 우리말 몇 가지를 소개할게요.

벼농사의 시작은 못자리입니다.
못자리는 볍씨를 뿌려 모를 기르는 곳을 말하고, 논에 볍씨를 뿌리는 일도 못자리라고 합니다. 이렇게 옮겨 심기 위하여 가꾸어 기른 어린 벼를 모라고 합니다.
못자리 밖에 난 모는 벌모라고 하고, 나중에 쓰려고 더 키우는 모는 덧모라고 하며, 못자리에 난 어린 잡풀은 도사리라고 합니다.

모내기하려고 모판에서 모를 캐내는 일을 모찌기라고 하고, 이 모를 잡고 심기 좋게 서너 움큼씩 묶은 단은 모춤이라고 하죠. 당연히 모내기는 모를 못자리에서 논으로 옮겨 심는 일을 말하죠. 요즘은 이앙기라는 기계로 이런 일을 다 합니다.

모잡이는 모낼 때 모만 심는 일꾼이고, 모춤을 별러 돌리는 일을 맡은 일꾼은 모쟁이라고 하며, 모를 심을 때 줄을 맞추기 위하여 쓰는, 일정한 간격마다 표시를 한 줄을 못줄이라고 하고, 못줄을 잡는 일꾼을 줄꾼이나 줄잡이라고 합니다.

일을 하다 보면 새참을 먹게 됩니다.
일을 하다가 잠깐 쉬면서 먹는 음식을 새참이라고 하고 참밥이라고도 하죠.
또 농부가 끼니 밖에 때때로 먹는 음식을 곁두리라고 합니다.
논밭에서 김을 맬 때 집에서 가져다 먹는 밥은 기승밥이라고 하죠.
밥을 먹기 전에 첫 술은 떼서 귀신에게 바치는 풍습이 있지요. 이렇듯 민간신앙에서, 산이나 들에서 음식을 먹을 때나 무당이 굿을 할 때, 귀신에게 먼저 바친다는 뜻으로 음식을 조금 떼어 던지는 일을 고수레라고 합니다.

모를 옮겨 심은 지 4~5일쯤 지나서 모가 완전히 뿌리를 내려 파랗게 생기를 띠는 일 또는 그런 상태를 사름이라고 합니다. 모가 흙 맛을 본 거죠.

모내기 뒤, 논에 난 잡초를 김이라고 하고, 이 김을 뽑는 일을 김매기나 논매기라고 합니다. 특히, 논에 난 피를 뽑는 일은 피사리라고 하죠.

벼 이삭이 나오려고 대가 불룩해지는 현상을 배동이라고 하고, 그 시기인 벼가 알이 들 무렵은 배동바지라고 합니다.

곡식의 이삭이 패어 나오는 일 또는 그 이삭은 패암이라고 합니다. 요즘이 바로 그런 철로, 어제 논에 나가봤더니, 패암이 고르고 좋더군요.

배동바지와 패암 때 논에 대는 물을 꽃물이라고 하죠.

익은 벼를 거두어 타작하는 일은 볏가을이라고 합니다.

곡식의 이삭을 털어 거두는 일은 타작, 마당질, 바심이라고 하는데, 아직 덜 익은 벼를 풋나락이라고 하고(남부지방 사투리), 이런 풋나락을 지레 베어 떨거나 훑는 일을 풋바심이라고 합니다.

이렇게 풋바심한 곡식으로 가을걷이 때까지 먹을거리를 대어 먹는 일을 초련이라고 하죠.

전라남도 해남사람을 흔히, '풋나락' 이라고 놀리죠?

그 이유는, 해남사람들이 못살 때, 익지도 않은 나락을 베어다 잘 익은 나락이라고 팔았다는 데서 그 유래를 찾을 수 있습니다.

가을에 농작물이 잘 되고 못 된 상황을 작황이나 됨새라고 합니다.

그해에 새로 난 쌀을 햅쌀이라고 한다는 건 잘 아시죠?

벼를 수확하면 벼 속에 수분이 많아 어느 정도 말려서 보관해야 하는데, 벼를 쌀로 만들기 위해, 곧 찧기 위해 말리는 벼를 우케라고 합니다. 어렸을 때 종종 듣던 "비 듣는다. 우케 걷어라"라는 말이 들리는 것 같지 않아요?

오늘은 글이 좀 길었네요.
오랜만에 농사 이야기를 쓰다 보니 길어졌습니다.
그래도 정겨운 우리말을 보니 옛날 생각나고 좋죠?

오늘 저녁에는 고향에 계신 부모님께 전화라도 한 통 드려보세요.

덤 | 야식/밤참

혼히들 늦은 밤, 속이 출출할 때나 입이 궁금할 때 '야식'을 많이 찾습니다.
몸에 좋지도 않은 이 야식은, 우리말이 아닙니다.
'夜食'(やしょく[야쇽])이라는 일본말에서 왔습니다.
국립국어원에서 '밤참'으로 바꾼 지 옛날이지요.

축구 경기 보면서 출출할 때는 야식 드시지 마시고, '밤참' 드세요.
그게 바로 '주전부리' 하시는 겁니다.
드실 때 뱃살도 좀 걱정하시고요.

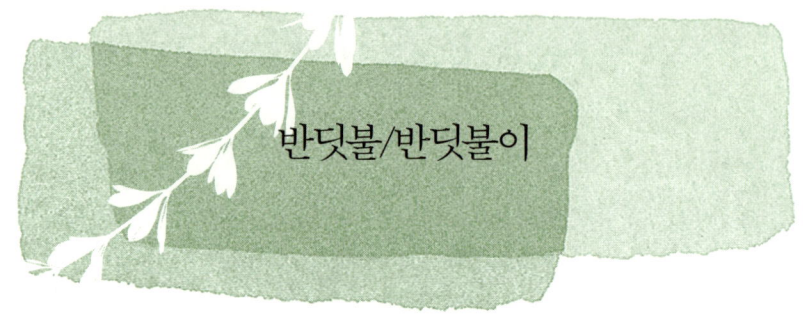

반딧불/반딧불이

요즘 시골에 가면 반딧불 많이 보이죠?
6월 2일부터 11일까지 무주 일원에서 '반딧불이 축제'가 있습니다.
그 잔치를 잘 마치길 빌며 오늘은 그 반딧불을 알아볼게요.

반딧불이 아시죠?
'반딧불'은 "반딧불이의 꽁무니에서 나오는 빛"이고, '반딧불이'는 "반딧불잇과의 딱정벌레를 통틀어 이르는 말"입니다.
이건 초등학생도 압니다.

그런데 국립국어원에서 1999년에 『표준국어대사전』을 만들면서, 이런 사실을 다 잊어버렸나 봅니다. 그 사전에 보면, '반딧불'과 '반딧불이'가 같다고 나옵니다.
교과서에는 '반딧불'과 '반딧불이'가 다르다고 나오는데, 사전에는 같다고 나오니…….

제 생각에, 어디까지나 짧은 제 생각에, 국립국어원 『표준국어대사전』이 틀린 것 같습니다. 다음에 사전을 내실 때는 '반딧불'과 '반딧불이'를 다르게 설명하시길 빕니다.

　말 나온 김에, '개똥벌레'도 좀 알아보죠.
　신형원 씨가 부른 〈개똥벌레〉를 생각하면서…….
　개똥벌레나 반딧불이나 같은 겁니다.
　'반딧불이'는 생물학상 과(科)를 분류하는 이름으로 쓰고, 학문을 조금 떠나면(?) 개똥벌레죠. ●

◆ 보태기

　이번 우리말 편지를 보시고, 한 분이 아래 답장을 보내오셨습니다.

　　제 생각엔 『표준국어대사전』이 맞습니다.
　　반딧불이는 1970년대에 만들어진 말입니다.
　　저는 1961년부터 1967년까지 초등학교를 다녔습니다.
　　그때 분명히 '반딧불'이었습니다.
　　초등학교 책을 확인하면 알 겁니다.
　　1970년대 이느 시기에 반딧불은 개똥벌레 똥구멍에서 나오는 불을 말하니, 반딧불을 내는 벌레는 명사화(의인화)해서 '반딧불이'로 해야 한다고 누군가(좀 남는? 학자-경희대 모교수) 한 것이 오늘에 이르게 된 것입니다.
　　저는 『표준국어대사전』이 맞다고 봅니다.
　　선생님도 엉뚱한 방향으로 몰고 가는 것은 옳지 않습니다.
　　'반딧불'이 맞습니다.
　　뭔 얼어 죽을 '반딧불이'인지요.
　　구전이 가장 확실한 역사입니다. 어릴 때 우린 '반딧불'이라고 했습니다.
　　고집은 아집이 됩니다. 진짜 사전 고칠까 두렵습니다.
　　'미꾸리/미꾸라지'보다 더 위험한 결과가 생기게 됩니다.

이 답장을 받고, 뜨끔한 마음에 여기저기 좀 알아봤습니다.
머리가 어지럽네요. 무척 어지럽네요.

국립국어원
반딧불이: 반딧불잇과의 딱정벌레를 통틀어 이르는 말
반딧불: 반딧불이의 꽁무니에서 나오는 빛, 반딧불이와 같은 말

한글학회
반딧불이: 그런 낱말 없음. 개똥벌레
반딧불: 개똥벌레 불빛

KBS
반딧불이: 반딧불잇과의 딱정벌레를 통틀어 이르는 말
반딧불: 반딧불이의 꽁무니에서 나오는 빛. 반딧불이와 같은 말

MBC
반딧불이: 반딧불잇과의 딱정벌레를 통틀어 이르는 말
반딧불: 반딧불이의 꽁무니에서 나오는 빛. 반딧불이와 다름

CBS
반딧불이: 반딧불잇과의 딱정벌레를 통틀어 이르는 말. 개똥벌레
반딧불: 반딧불이의 꽁무니에서 나오는 빛. 반딧불이와 같은 말

한겨레신문
반딧불이: 반딧불잇과의 딱정벌레를 통틀어 이르는 말
반딧불: 반딧불이의 꽁무니에서 나오는 빛. 반딧불이와 같은 말

Daum 인터넷 사전/네이버 인터넷 사전(동아사전)
반딧불이: 반딧불잇과의 딱정벌레를 통틀어 이르는 말. 개똥벌레
반딧불: 반딧불이의 꽁무니에서 나오는 빛. 반딧불이와 다름

제가 내린 결론은 정말 '어렵다!' 입니다.

지금 제가 드릴 수 있는 말씀은, 앞으로는 우리말 편지를 보낼 때, 쉬운 것으로만, 잘 알려진 것으로만, 조심조심 가자입니다.

잘 알지도 못하면서 우리말 편지를 보낸다는 게 참 어렵네요.

덤 | '시'(時) 띄어쓰기

'시'는 일부 이름씨나 어미 '-을' 뒤에 쓰여, "어떤 일이나 현상이 일어날 때나 경우"를 뜻하는 매인이름씨입니다. 의존명사니까 당연히 띄어 써야겠죠.

'비행 시에는 휴대 전화를 사용하면 안 된다/규칙을 어겼을 시에는 처벌을 받는다' 처럼 씁니다.

다만, '유사시', '비상시' 처럼, '시'가 명사와 결합하여 합성어로 사전에 오른 경우는 한 낱말로 봐서 띄어 쓰지 않고 붙여 씁니다.

쉽게 정리해보면, '비행 시에는'은 '비행(할) 때에는'으로 바꾸어 써도 되고, '규칙을 어겼을 시에는'은 '규칙을 어겼을 때에는'으로 바꾸어 써도 되지만, '유사시'는 '유사 때'나 '유사할 때'로 바꾸면 이상하고, '비상시'도 '비상 때'나 '비상할 때'로 바꾸면 이상한 걸로 미루어, '시' 대신에 '때'나 '할 때'로 바꾸어 쓸 수 없는 경우에는 한 낱말로 보아 '시'를 붙여 쓰면 되겠습니다(이 부분은 어느 독자께서 보내주신 편지의 일부분입니다).

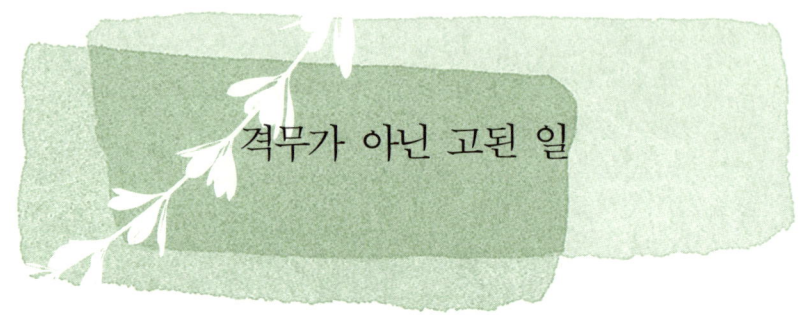

격무가 아닌 고된 일

어제 뉴스를 보니, 독도가 일본 땅이라고 주장하신(?) 한국인(?)이 계시네요(?).

그분(?) 말씀을 따오면, "당연하다. 일본한테 돌려주어야 한다. 우리나라는 원래 일본 땅이었다."

저는 고소당하고 싶지 않으니 말을 아끼겠습니다. 그저 우리 곁에 일본말 찌꺼기가 얼마나 많은지를 보여주는 것으로 제 이야기를 갈음합니다.

저녁 늦게 사무실에서 격무(激務, げきむ〔게키무〕)가 아닌 고된 일에 시달리실 때, 간식(間食, かんしょく〔간쇼쿠〕) 드시지 말고 새참이나 군음식으로 주전부리하시고, 그래도 심심함이 가시지 않으면 가까운 친구를 맥줏집으로 불러내, 히야시(冷やし, ひやし〔히야시〕) 아닌 찬 맥주 한 잔을 따라, 맥주잔 위에 있는 기포(氣泡, きほう〔기호우〕)는 다 버리고 거품만 적당히 남겨, 건포도(乾葡萄, ほしぶどう〔호시부도우〕) 대신 마른포도를 안주 삼아 한 잔 들이켜면 참 좋습니다.

안주가 부족하면 야키만두(燒き饅頭, やきまんじゅう〔야키만주우〕) 대신 군만두 드세요.

그래도 안주가 부족하면 우동(饂飩, うどん〔우동〕) 드시지 마시고 가락국수 드시면 든든합니다.

술집에서 나올 때, 술값은 분배(分配, ぶんぱい〔분파이〕)하지 말고 노느매기하세요.

집에 들어가면서 여우 같은 아내와 토끼 같은 애들이 생각나면, 가까운 빵집에 들러 소보로빵(そぼろパン〔소보로빵〕)이 아닌 곰보빵 몇 개 사고, 앙꼬(餡子, あんこ〔앙코〕) 없는 찐빵 대신 팥소 든 빵도 몇 개 사고, 나오실 때는 빵 값을 지불(支拂, しはらい〔시하라이〕)하지 말고 치르고 나오세요.

그걸로 집에 가서 축제(祝祭, しゅくさい〔슈쿠사이〕)하지 말고 잔치를 벌여보세요.

그런 것은 과소비(過消費, かしょうひ〔가쇼우히〕)도 아니고 지나친 씀씀이도 아닙니다.

그렇게 남편 역할(役割, やくわり〔야쿠와리〕)이 아닌 남편 노릇 잘하는 당신 부부가 바로, 잉꼬부부(鸚哥夫婦, いんこ-〔잉코-〕)가 아니라 원앙부부입니다. ❀

◆ 보태기

1. 여기에 쓴 일본어투 말은 안타깝게도 대부분 우리나라 국어사전에 올라 있습니다(히야시, 야키만 빼고요). 또 그 말은 모두 국립국어원에서 바꿔서 쓰라

여름 : 215

고 다듬은 말입니다.
일본어투 글 오른쪽에 있는 우리말을 쓰시면 됩니다. '격무' 대신에 '고된 일'이라고 쓴 것처럼요.
2. '마른포도'를 안주 삼아 한 잔 들이켜면 참 좋습니다.
'들이키다'는 "안쪽으로 가까이 옮기다"라는 뜻이고, '들이켜다'는 "물 따위를 마구 마시다"라는 뜻입니다.
〈보기〉 사람이 다닐 수 있도록 발을 들이키세요.
그는 목이 마르다며 물을 벌컥벌컥 들이켰다.
3. 부족한 일본어 실력이지만, 일본어투 한자와 우리가 평소에 쓰는 말이 얼마나 비슷한지를 보이고자, 일본어 발음을 [ ] 안에 달아봤습니다. 어디까지나 저 나름대로 읽은 것이니 정확하지 않을 수 있습니다.

덤 | 끼여들기/끼어들기

"차가 옆 차로로 무리하게 비집고 들어서는 일"은 '끼여들기'가 맞을까요, '끼어들기'가 맞을까요?

많은 분이 '끼여들기'라고 하시는데요, '끼여들기'가 아니라 '끼어들기'입니다.

어떤 사전에 보면, '끼어들다'나 '끼어들기'가 없고, 오히려 '끼여들다'를 표제어로 올린 사전이 있는데요. 국립국어원에서 1999년에 펴낸 『표준국어대사전』에는 '끼여들다'를 빼고, '끼어들다'만 넣었습니다. '끼어들다'만 표준어로 인정한 것이죠.

'끼어들다'는 "자기 순서나 자리가 아닌 틈 사이를 비집고 들어서다"라는 뜻입니다.

금/줄/선

우리와 비긴 프랑스가 어제 이운재 골키퍼가 잘 막은 골을 두고, 골라인 안에서 받았다며 말이 많네요. 정작 당사자인 우리나라와 프랑스의 축구대표팀은 잠잠한데 다른 나라 누리꾼들이 물고 늘어지는 모양입니다. 이걸 오늘 국제축구연맹에서 멋지게 마무리를 지었습니다.

Patrick Vieira powered in a header from close range and must have thought he had scored.
However, the scrambling Lee Woon-Jae managed to keep the ball out before it had crossed the line.

파트리크 비에이라가 골라인 근처에서 강력한 헤딩슛을 날렸고, 거의 골라인을 넘어 점수를 얻은 듯 보였다.
그러나 공이 골라인을 넘기 전에 이운재가 가까스로 공을 쳐냈다.

위의 "before it had crossed the line"에 나온 'line'을 우리말로 하면 뭐가 될까요?

오늘은 금, 줄, 선의 차이를 알아볼게요.

'금'은 '긋다'에서 온 말로, "접거나 긋거나 한 자국"입니다.
'연필로 금을 긋다' 처럼 씁니다. '금'은 이쪽에서 저쪽까지 그은 흔적이죠.

'줄'은 "무엇을 묶거나 동이는 데에 쓸 수 있는 가늘고 긴 물건을 통틀어 이르는 말"입니다.
'줄로 묶다/줄을 감다/줄을 당기다' 처럼 씁니다. '줄'은 뭔가를 묶는 일종의 도구죠.

'선'(線)은 "그어 놓은 금이나 줄"로, '선을 긋다/선이 똑바르다' 처럼 씁니다.
"철선이나 전선 따위를 통틀어 이르는 말"로도 쓰여, '진공청소기의 선이 짧아서 베란다는 청소하기가 어렵다' 처럼 쓸 수 있지요.
곧, '선'은 '금'과 '줄'의 뜻을 다 가지고 있는 낱말입니다.

그럼, "before it had crossed the line"에 나온 'line'은 금, 줄, 선 가운데 어떤 것이라고 볼 수 있을까요?
'줄'은 아니고, '금'이나 '선'으로 볼 수 있을 겁니다.
이렇게 금, 줄, 선이 같은 것처럼 보여도 조금씩 다르답니다.

세간살이/세간/세간붙이/살림/살림살이

비가 많이 오네요.
아무쪼록 큰 피해가 없기를 빕니다.

텔레비전에 이번 비로 세간이 많이 상한 집이 나오네요.
하나같이 손때 묻은 살림살이일 텐데…….

오늘은 그런 아까운 살림살이를 생각하면서 글을 씁니다.

흔히, "집안 살림에 쓰는 온갖 물건"을 두고, '세간살이'라고 하는 경우가 있는데, 이는 틀린 겁니다. 그것은 '세간'이나 '세간붙이'라고 해야 합니다.

이와 비슷한 '살림'은 "한집안을 이루어 살아가는 일"이라는 뜻도 있지만, "집 안에서 주로 쓰는 세간"이라는 뜻도 있어, '살림이 늘어나다/살림을 장만하다'처럼 쓸 수 있습니다.

'살림살이'는 "살림을 차려서 사는 일"인데, 여기에도 "숟가락, 밥그릇, 이불 따위의 살림에 쓰는 세간"이라는 뜻이 있습니다. '부엌 살림살이/그사이에 살림살이가 많이 늘어났구나'처럼 쓰죠.

정리하면, 집안 살림에 쓰는 물건은 세간, 살림, 살림살이라고 하나, '세간살이'라는 말은 없습니다.

아무쪼록 이번 비에 못 쓰게 되는 세간이나 살림이 없기를 바랍니다. ●

덤 | 알러지/알레르기/엘러지

처음에 어떤 물질이 몸속에 들어갔을 때 그것에 반응하는 항체가 생긴 뒤, 다시 같은 물질이 생체에 들어가면 그 물질과 항체가 반응하는 일을 말하는 의학용어의 표준어는 뭘까요?
알러지? 알레르기? 엘러지?
로마자 표준발음법에 따르면, '알레르기'가 맞습니다(알레르기는 독일어 Allergie에서 왔습니다). 그러나 의학용어 표준어는 '알러지'를 바른말로 인정하고 있죠. 거기에 한글운동본부에서는 '거부반응'이나 '과민반응'으로 바꿔 쓰도록 추천하고 있습니다. 여러분은 어떻게 쓰실래요?

삐지다/삐치다

요즘 장마철이라 밤에는 무척 덥죠?

저는 밤에 자면서 딸내미를 안고 자는데요. 어제는 너무 더워서 딸내미를 옆으로 좀 밀쳤습니다. 너는 그쪽에서 자고 아빠는 여기서 자고 하면서…….

이 말을 들은 딸내미가, "아빠, 아빠가 안 안아주면 나 삐진다!"라고 하더군요.

그래서 제가 "삐지는 것은 위험하니, 삐지지 말고 삐쳐라" 했죠.

"아이 참, 아빠가 안아주지 않으면 나 삐진다고오~~!"

"그래, 삐지지 말고 삐쳐!"

"무슨 소리야……. 흥, 아빠, 미워!"

흔히, "성이 나서 마음이 토라지다"라는 뜻으로 '삐진다'고 합니다. '너 때문에 삐졌다/그만한 일에 삐지면 되니?' 처럼 씁니다. 이때의 '삐지다'는 잘못된 겁니다.

성이 나서 토라지는 것은 '삐지'는 게 아니라 '삐치'는 것입니다.

'뻐지다'는 "칼 따위로 물건을 얇고 비스듬하게 잘라내다"라는 뜻으로, '김칫국에 무를 뻐져 넣다'처럼 씁니다.

그래서 제가 딸내미가 삐진다고 했을 때, "삐지는 것은 위험하니, 삐지지 말고 삐쳐라"라고 한 겁니다. 세 살배기 어린아이에게는 좀 어려운 말인가요?

아침에 나오며 딸내미와 뽀뽀하고 헤어진 지 채 1시간도 안 되었는데 벌써 보고 싶네요.
오늘 하루 어떻게 일하죠?

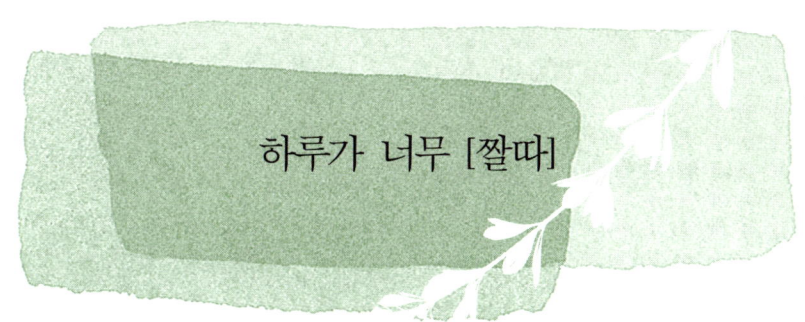

하루가 너무 [짤따]

비가 많이 내리네요.

우리나라 연평균 강수량이 1,200mm 정도 되니 한 달에 100mm꼴인데요.

두세 달 동안 내릴 비가 하루 만에 쏟아졌으니 여기저기서 피해가 많이 날 수밖에요.

아무쪼록 잘 정리하셔서 큰 피해가 없기를 빕니다.

저는 일이 좀 있어서 오늘도 나왔습니다.

요즘은 일이 많아 하루가 짧다는 생각을 많이 합니다. 할 일은 많고, 시간은 없고…….

오늘은 짧은 하루가 좀 길어지길 빌면서, '짧다'의 발음을 소개할게요.

먼저, 겹받침을 알아보죠.

우리말에 겹받침은 모두 13개가 있습니다. 그러나 그 어떤 받침이

와도 받침소리는 ㄱ, ㄴ, ㄷ, ㄹ, ㅁ, ㅂ, ㅇ의 7개 자음으로만 발음합니다.

그래서 생긴 것이 대표음입니다.

'ㄲ/ㅋ', 'ㅅ/ㅆ/ㅈ/ㅊ/ㅌ', 'ㅍ'은 어말 또는 자음 앞에서, 각각 대표음 [ㄱ, ㄷ, ㅂ]으로 발음하죠. 그래서 닦다[닥따], 키읔[키윽], 옷[옫], 앞자리[압짜리]처럼 발음하는 것입니다.

여기까지는 별거 아닙니다. 좀 복잡한 게 겹받침이죠.

겹받침 'ㄳ', 'ㄵ', 'ㄼ/ㄽ/ㄾ', 'ㅄ'은 어말 또는 자음 앞에서 각각 [ㄱ, ㄴ, ㄹ, ㅂ]으로 발음합니다. 자음 두 개가 겹쳐도 앞에 있는 자음 하나만 발음하는 것이죠. 넋[넉], 여덟[여덜], 넓다[널따], 값[갑]처럼 발음합니다.

그러면 '짧다'의 발음은 어떻게 될까요?

ㄹ과 ㅂ 가운데 앞에 있는 ㄹ만 발음해서, '짧다'는 [짤따]로 발음합니다. 짧아[짤바], 짧으니[짤브니], 짧고[짤꼬], 짧지[짤찌]처럼 발음합니다. 따라서 [하루가 짭다]가 아니라 [하루가 짤따]로 발음해야 합니다.

다만, 예외가 있습니다. 이런 예외가 시험에 잘 나오죠.

'밟-'은 자음 앞에서 [밥]으로 발음해 '밟다'는 [밥ː따]로 발음하고, '넓-'은 자음 앞에서 [넙]으로 발음해 넓죽하다[넙쭈카다]와 넓둥글다[넙뚱글다]로 발음합니다.

한 김에 조금 더 나가죠.

앞에서 자음 두 개가 겹쳐도 앞에 있는 자음만 발음한다고 했는데, 이것도 예외가 있습니다. 겹받침 'ㄺ/ㄻ/ㄿ'은 어말 또는 자음 앞에서 각각 [ㄱ, ㅁ, ㅂ]으로 발음합니다. 뒤에 있는 자음을 발음하는 거죠. 닭[닥], 흙과[흑꽈], 맑다[막따], 늙지[늑찌], 젊다[점:따]처럼 발음합니다.

예외의 예외로, 용언의 어간 발음 'ㄺ'은 'ㄱ' 앞에서 [ㄹ]로 발음합니다. 맑게[말께], 묽고[물꼬], 얽거나[얼꺼나]처럼 발음하죠. 이런 게 시험에는 잘 나옵니다.

쓸데없이 내용만 길고 어수선한데요. 좀 정리해볼까요.
1. 받침은 ㄱ, ㄴ, ㄷ, ㄹ, ㅁ, ㅂ, ㅇ의 7개로만 발음합니다.
2. 겹받침 'ㄳ', 'ㄵ', 'ㄼ/ㄽ/ㄾ', 'ㅄ'은 자음 두 개가 겹쳐도 앞에 있는 자음 하나만 발음합니다.
   예외로, ㄼ에서는 밟다[밥:따]처럼 뒤에 있는 자음만 발음합니다.
3. 겹받침 'ㄺ/ㄻ/ㄿ'은 자음 두 개가 겹쳐도 뒤에 있는 자음의 대표음인 [ㄱ, ㅁ, ㅂ]으로 빌음합니다.
   예외로, 'ㄺ'은 'ㄱ' 앞에서 [ㄹ]로 발음합니다.

오늘은 조금 어렵네요. 아니 어렵다기보다 조금 헷갈리네요.

그나저나 비가 좀 그치고, 큰 피해가 없어야 할 텐데 걱정입니다.

저는 이제 하루가 [짤따]는 투정을 부리기에 앞서, 오늘 일이나 시작하렵니다.

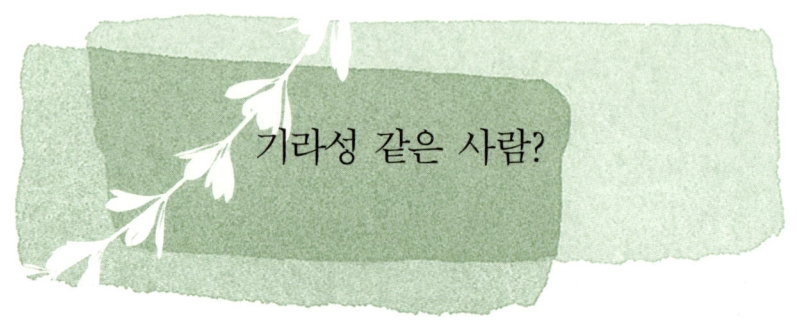

기라성 같은 사람?

이제는 비가 그쳐도 좋으련만…….

요즘 제가 근무하는 회사에서 을지훈련 중입니다.
어제는 제가 상황실에서 근무하는 날이었죠.
아침에 상황실 업무를 교대하고 있는데, 마침 높은 분이 오시더니 "이번 근무 조는 기라성 같은 사람들이라서 상황실이 잘 돌아가겠네!"라는 말씀을 하시더군요. 직원을 격려해주시는 것은 좋은데, '기라성'이라는 말은 영 거슬리네요.

아시는 것처럼 기라성은 일본말입니다.
기라성(綺羅星, きらぼし[기라보시])에서, '기라'(きら[기라])는 일본어로 반짝인다는 뜻이고, 성(星)은 별입니다. 따라서 말 그대로 풀면, 밤하늘에 빛나는 수많은 별, 또는 그런 실력자들이 늘어선 것을 비유하는 말이죠.

이렇게 아직도 우리 생활 주변에 남아 있는 일본말이 많습니다.

몇 개만 예를 들어보죠.

지금은 별로 쓰지 않지만, "지하철에서 쓰리당했다" 할 때, '쓰리'(すり[스리])는 소매치기라는 일본말입니다.

"이번 회식비는 각자 분빠이하자" 할 때, 분빠이(ぶんぱい[분파이])는 분배(分配)를 일본식 발음대로 읽은 것입니다. 노느매기라는 아름다운 우리말이 있다는 거, 다 아시죠?

야미(やみ[야미])라는 말은 뒷거래, 뒤, 암거래를 뜻하는 일본어고, 삐까삐까(ぴかぴか[피카피카])는 번쩍번쩍 윤이 나며 반짝이는 모양을 나타내는 일본어 의태어입니다.

유도리(ゆとり[유토리]) 대신 융통성, 여유를 쓰면 되고, 노가다(土方, どかた[도카타]) 대신 노동, 막일을 쓰면 되며, 무대포(無鐵砲, むてっぽう[무텟포:]) 대신 막무가내라는 우리말이 있고, 찌라시(散らし, ちらし[지라시]) 대신 광고 쪽지나 광고지라고 쓰면 됩니다.

차에 기스(傷, きず[기즈])가 난 게 아니라 흠집이 생긴 것이며, 사장님에게 구사리(腐り, くさり[구사리])를 먹은 게 아니라 면박당한 것입니다.

차에 연료를 입빠이(一杯, いっぱい[잇파이]) 넣거나 만땅(滿タン, まんタン[만탕]) 채울 필요 없이, 가득 채우면 됩니다.

며칠 전이 광복 60주년이었습니다. 친일파 후손이 땅을 찾기 위해 내는 더러운 소송을 보면서 광분만 할 게 아니라, 내가 쓰는 말 가운데, 나도 모르게 쓰고 있는 일본말은 없는지 한번쯤 생각해보는 하루로 보내고 싶습니다.

덤 압정/납작못/누름 못/누름 핀

압정이 뭔지 아시죠?
압정(押釘)은 "대가리가 크고 촉이 짧아서 흔히 손가락으로 눌러 박는 쇠못"을 말합니다.
바로 이 압정은 일본어(押釘, おしピン[오시핀])에서 온 말입니다.
'おし'[오시]는 밀다는 뜻이고, 'ピン'[핀]은 영어 pin입니다.
"밀거나 눌러서 박는 핀"이라는 뜻으로 일본에서 만든 낱말이 바로 '압정'입니다.
일찍이 국립국어원에서 '납작못', '누름 못'이나 '누름 핀'으로 다듬은 말입니다.
이제 앞으로는, 일본사람들이 만들어 쓰는 '압정'이라는 낱말 말고, '납작못'을 쓰자고요.

전기세/전기요금

참 많이도 내렸습니다. 어찌 이리 정신 못 차리게 많이 내리는지…….
아무쪼록 이번 비로 큰 피해가 없기만을 빌고 또 빕니다.

오늘 편지 시작하기 전에, 제가 보내드리는 우리말 편지를 다른 곳에 옮기거나 편집해서 써도 되는지를 물어오시는 분이 많습니다.

가끔 이 자리를 빌려 말씀드리지만, 제가 보내드리는 우리말 편지는 특별하고 높은 지식이 들어 있는 게 아닙니다. 따라서 누구든지 맘껏 돌려보실 수 있습니다. 제가 쓴 것보다 더 좋게 만들어서 쓰면 그거야말로 저에게는 큰 기쁨이죠. 부당한 경제적 이득을 위한 것이 아니라면 맘껏 쓰셔도 됩니다.

저는 제 본업이 따로 있습니다. 농업이죠. 저는 농업으로 밥 먹고 살 테니, 제가 보내드리는 우리말 편지는 여러분이 맘껏 쓰셔도 됩니다. 이렇게나마 제가 우리말을 아끼는 데 한몫을 할 수 있다는 게 저에게는 큰 기쁨입니다. 고맙습니다.

오늘 이야기 시작하죠.

어제 뉴스에서 들으니, 이번 비로 숟가락 하나 건지지 못하고 마을 회관이나 학교로 몸을 피하신 분이 많고, 그런 분들에게 대피 공간을 내준 집이나 공공기관은 전기요금을 깎아준다고 하더군요.

참 반가운 소식입니다.

오늘은 '전기요금'과 '전기세'를 갈라볼게요.

'요금'은 "남의 힘을 빌리거나 사물을 사용·소비·관람한 대가로 치르는 돈"입니다.

'전화요금/택시요금/요금 인상/요금을 내다'처럼 씁니다.

'세'는 '조세'를 말하는데, '조세'는 "국가 또는 지방 공공 단체가 필요한 경비로 쓰기 위해 국민이나 주민으로부터 강제로 거두어들이는 금전"을 말합니다. 말 그대로 '세금'이죠.

한국전력공사에서 보내주는 전기를 쓰고, 그 대가로 돈을 치르는 것은 '전기세'가 아니라 '전기요금'입니다.

쉽게 정리해서, 정부에서 걷는 것은 '조세'나 '세금'이고, 정부 이외의 곳에서 걷거나 받는 돈은 '요금'입니다.

한전에서 좋은 일을 하니, 보는 저도 기분이 참 좋습니다.

저는 바사기입니다

제가 요즘 제정신이 아닌가 봅니다.
이번 비로 넋이 나간 사람은 따로 있는데, 제가 왜 이러는지 모르겠습니다.

강수량 단위 'mm'를 'ml'라고 하지 않나, '연평균'을 '년평균'이라고 하지 않나, 급기야 어제는 '숟가락'을 '숫가락'이라 하고.

머리는 못 따라가는데, 많은 일을 맡다 보니 이렇게 어리바리, 어리어리하고 있습니다.
바로 이런 저를 두고 하는 말이 있습니다.
바보, 멍청이…….
사람과 쪽박은 있는 대로 쓴다는데, 저는 어디에서 쓰일 수 있을지 모르겠네요.

오늘은 저 같은 사람을 두고 하는 우리말을 소개해드립니다.
이것으로 요즘 저의 잘못을 조금이나마 갈음하고자 합니다.

바보, 멍청이를 뜻하는 순 우리말은 이렇습니다.

개돼지: 미련하고 못난 사람을 비유적으로 이르는 말.
내초: 은어로, '바보'를 이르는 말.
득보기: 몹시 못난 사람을 이르는 말.
맹꽁이: 야무지지 못하고 말이나 하는 짓이 답답한 사람을 놀림조로 이르는 말.
맹추: 똑똑하지 못하고 흐리멍덩한 사람을 낮잡아 이르는 말.
머저리: 어리보기.
먹통: '멍청이'를 놀림조로 이르는 말.
멀건이: 정신이 흐리멍덩한 사람.
멍청이: 아둔하고 어리석은 사람을 놀림조로 이르는 말.
멍추: 기억력이 모자라고 흐리멍덩한 사람을 낮잡아 이르는 말.
멍텅구리: 멍청이.
못난이: 못나고 어리석은 사람.
바보: 지능이 부족하여 정상적으로 판단하지 못하는 사람.
바사기: 사물에 어두워 아는 것이 없고 똑똑하지 못한 사람을 놀림조로 이르는 말.
밥통: 밥만 축내고 제구실도 못하는 사람을 낮잡아 이르는 말.
방퉁이: '바보'를 낮잡아 이르는 말.
백치: 천치.
부기: 세상사에 어둡고 사람의 마음을 모르는 어리석은 사람.
북숭이: 부기.
쑥: 너무 순진하거나 어리석은 사람을 비유적으로 이르는 말.

아둔망태: '아둔패기'의 잘못.

아둔패기: 아둔한 사람을 낮잡아 이르는 말.

어리보기: 말이나 행동이 다부지지 못하고 어리석은 사람을 낮잡아 이르는 말.

얼간이: 됨됨이가 변변하지 못하고 덜된 사람.

얼뜨기: 겁이 많고 어리석으며 다부지지 못하여 어수룩하고 얼빠져 보이는 사람을 낮잡아 이르는 말.

인숭무레기: 어리석어 사리를 분별할 능력이 없는 사람.

제웅: 분수를 모르는 사람을 비유적으로 이르는 말.

째마리: 사람이나 물건 가운데서 가장 못된 찌꺼기.

칠뜨기: '칠삭둥이'를 낮잡아 이르는 말.

칠삭둥이(七朔-): 조금 모자라는 사람을 놀림조로 이르는 말.

칠푼이: 칠삭둥이.

팔삭동이(八朔-): '팔삭둥이'의 잘못.

팔삭둥이: 똑똑하지 못한 사람을 놀림조로 이르는 말.

한자어로는 다음과 같습니다.

돈어(豚魚): 미련하고 못생긴 사람을 비유적으로 이르는 말.

등상(等像): 등신(等神).

등신(等神): 몹시 어리석은 사람을 낮잡아 이르는 말.

만황씨(萬黃氏): 못나고 어리석은 사람을 놀림조로 이르는 말.

목우인(木愚人): 아무 재주나 능력이 없는 사람을 비유적으로 이르는 말.

반병신(半病身): 반편이.

반편이(半偏-): 지능이 보통사람보다 모자라는 사람.

병신(病身): 모자라는 행동을 하는 사람을 낮잡아 이르는 말.

상우(上愚): 어리석지는 않으나 한쪽으로 치우친 의견을 가져 미련함을 면하지 못하는 사람.

숙맥(菽麥): 숙맥불변.

숙맥불변(菽麥不辨): 사리 분별을 못하는 모자라고 어리석은 사람을 이르는 말.

우물(愚物): 어리석은 사람을 낮잡아 이르는 말.

우부(愚夫): 어리석은 남자.

우인(愚人): 어리석은 사람.

우자(愚者): 어리석은 자.

주우(朱愚): 바보. 지혜나 꾀가 없고 어리석음.

죽반승(粥飯僧): 죽과 밥만 많이 먹는 중이라는 뜻으로, 무능한 사람을 비유적으로 이르는 말.

천치(天癡): 백치.

치인(癡人): 어리석고 못난 사람.

팔불용(八不用): 팔불출.

팔불출(八不出): 몹시 어리석은 사람을 이르는 말.

팔불취(八不取): 팔불출.

오늘은 저에 대해서 너무 많이 아시네요.●

◆ 보태기

'병신'은 "신체의 어느 부분이 온전하지 못한 사람"이라는 뜻과, "모자라는 행동을 하는 사람을 낮잡아 이르는 말", "어느 부분을 갖추지 못한 물건"이라는 뜻이 있습니다.

오늘 편지는, 신체 일부분이 온전치 못한 분을 깔보려고 보낸 게 아니라, '바보'와 같은 뜻도 있다는 것을 보이려고 보낸 겁니다. 절대 몸이 불편하신 분을 얕잡아 보고 보낸 게 아니라는 것을 말씀드립니다.

덤 | 통털어/통틀어

"사무실에서 서랍에 있는 동전을 찾아보니, 통털어 2,300원이었다."
위 문장에서 '통털어 2,300원'은 잘못된 겁니다.
'통째로 탈탈 털어'라는 말이 줄어들어 '통털어'가 된 게 아닙니다.
"있는 대로 모두 합하여"라는 뜻의 어찌씨는 '통틀어'입니다.
'내가 가진 돈은 통틀어 오백 원뿐이다/우릴 통틀어 경멸하는 소리는 삼가 줘'처럼 씁니다.

'통털어'가 '통틀어'보다 입에 더 익어 있더라도, 표준말은 '통틀어'입니다.

보신탕/개장국

점심 맛있게 드셨나요?

초복인 오늘, 인간을 위해서, 아니 인간 때문에, 얼마나 많은 멍멍이가 사라졌을까요?

인간 때문에 사라져간 멍멍이를 생각하면서 글을 씁니다.

사전에서 '보신탕'을 찾아보면, "허약한 몸에 영양을 보충해주는 국이라는 뜻으로, '개장국'을 이르는 말"이라고 나와 있습니다. 다시 '개장국'을 찾아보면, "개고기를 여러 가지 양념, 채소와 함께 고아 끓인 국"이라고 나와 있습니다.

그렇습니다. 삼복에 몸보신용으로 먹는 것은 '개장국'입니다. 요즘은 주로 보신탕이라고 하지만, 본래는 개장국입니다.

보신탕(補身湯)이라는 말은, 아마도 장사꾼들이 지은 게 아닌가 하는 사람도 있고, 한방에서 쓰는 낱말이라는 사람도 있고…….

이 보신탕이라는 이름은, 88 서울올림픽 때 잠시 다른 이름으로 바뀌게 됩니다. 외국의 동물 애호가들이 인간의 친구인 개를 먹는 것은 야만 행위라고 트집을 잡고 나서자, 정부에서 보신탕을 혐오식품이라면서, 큰길가에 있던 보신탕집을 단속하고, 보신탕이라는 말을 쓰지 못하게 했죠.

그때 상인들이 억지로 만들어낸 말이 '영양탕'과 '사철탕'입니다.

'영양탕'은 영양이 많거나 좋다는 뜻이고, '사철탕'은 몸에 좋은 이런 식품을 여름에만 먹지 말고 사시사철 일 년 내내 먹자는 뜻으로 지었다고 합니다. 당연히 상인들이 만들어낸 말이죠. 거기에 한 술 더 떠 '보양탕'이라고까지 합니다.

그러나 개장국, 보신탕만 국어사전에 올라 있고, 사철탕, 보양탕, 영양탕은 사전에 없습니다.

어떻게 보면 점잖지 못한 그런 말은 없어지는 게 맞죠.

재밌는 것은 '개장국'의 낱말 뜻입니다.

개장국에서 '개'와 '국'은 한글이고 '장'은 한자인데, 된장 장(醬) 자를 씁니다.

따라서 '개장국'은 개에다 된장을 발라 국을 끓였다는 말이 되겠죠. 좀 거시기하기는 하지만, 떡 이울리는 말 아닌가요?●

◆ 보태기 ─────────────────

오늘 편지는 개장국을 많이 먹자거나, 아니면 개장국을 먹지 말자거나 하는 뜻으로 보내드리는 게 아닙니다. 다만, 그 이름이 어떻게 생기게 되었고, 어떤 뜻이 있다는 것을 말씀드린 것뿐입니다.

엎어지다/자빠지다/넘어지다/쓰러지다

제 아들은 아직 13개월도 안 됐습니다. 어떻게 보면 이제 겨우 13개월이고, 또 어떻게 보면 벌써 13개월이고…….

이 녀석은 요즘 혼자서도 잘 걷는데요. 조금만 높은 턱이 나와도 올라가지 못하고 바로 넘어집니다. 그러면 저는 그러죠.
"야 딸! 땅 파였나 좀 봐라!"
아들 다친 게 먼저가 아니라…….

오늘은 제 아들을 생각하며, '엎어지다, 자빠지다, 넘어지다, 쓰러지다'의 차이를 알아볼게요.
여기에 참 재밌는 차이가 있습니다.

먼저 '엎어지다'는 "서 있는 사람이나 물체 따위가 앞으로 넘어지다"라는 뜻입니다. '앞으로' 넘어지는 겁니다.

'자빠지다'는 "뒤로 또는 옆으로 넘어지다"라는 뜻입니다. 앞이 아니라 '뒤나 옆으로' 넘어지는 겁니다.

'넘어지다'는 "사람이나 물체가 한쪽으로 기울어지며 쓰러지다"라는 뜻으로, 방향이 어디가 되어도 좋습니다. 앞으로 엎어져도 넘어지는 것이고, 옆으로 자빠지거나, 뒤로 자빠져도 넘어지는 것입니다.

'쓰러지다'는 "사람이나 물체가 힘이 빠지거나 외부의 힘에 의하여 서 있던 상태에서 바닥에 눕는 상태가 되다"라는 뜻입니다. 이건 엎어졌건, 자빠졌건, 넘어졌건 간에, 서 있던 상태에서 바닥에 누운 상태가 된 것을 말합니다.

이렇게 다릅니다.
그래서 '엎어지면 코 닿을 데'지, '자빠지면 코 닿을 데'가 아닙니다. 자빠지면 코가 땅에 닿지 않고 귀나 뒤통수가 먼저 땅에 닿잖아요.

저는 제 아들이 엎어지건, 자빠지건, 넘어지건, 쓰러지건 간에, 일으켜주지 않습니다.
그냥 두면, 조금 울다 혼자 잘도 일어서더군요.

◆ 보태기

"쌓여 있거나 서 있는 것이 허물어져 내려앉다"라는 뜻의 낱말은 '무너지다'인데, 엎어지거나 자빠지거나 넘어진 물건은 일으켜 세우면 되지만, 무너진 물건은 세울 수 없습니다.

몹쓸/못쓸/못 쓸

또 비가 오네요. 제발…….

이런 와중에 강원도 수해지역에서, 말리려고 내놓은 살림을 가져가는 사람이 있다는군요.
정말 해도 너무합니다. 그런 몹쓸 짓을 하는 나쁜 사람을 혼내줄 방법 없나요?

남에게 고약한 말이나 행동을 할 경우, 흔히 "못쓸 말을 했다", "못쓸 짓을 했다" 등과 같이 '못쓸'이라고 하는데요. 이런 때 '못쓸'은 '몹쓸'이라고 해야 맞습니다.

오늘은 '몹쓸, 못쓸, 못 쓸'을 갈라볼게요.

먼저 '몹쓸'은 "악독하고 고약한"이라는 뜻으로, '몹쓸 것(놈/말/병/사람/짓)/술에 취해 아이에게 몹쓸 소리를 마구 해대고 말았다/사랑이란 몹쓸 병에 걸렸다' 처럼 씁니다.

'못쓰다'는 (주로 '못쓰게' 꼴로 쓰여) "얼굴이나 몸이 축나다"라는 뜻입니다.

'얼굴이 못쓰게 상하다/그는 병으로 하루하루 못쓰게 되어갔다' 처럼 쓰죠.

또 다른 뜻으로는 (주로 '-으면', '-어서'와 함께 쓰여) "옳지 않다. 또는 바람직한 상태가 아니다"라는 뜻입니다. '거짓말을 하면 못써/무엇이든 지나치면 못쓴다/그는 너무 게을러서 못쓰겠다' 처럼 쓰죠.

따라서 수해지역에서 말리려고 내놓은 살림을 가져간 나쁜 사람들은 못쓸 행동을 한 게 아니라 몹쓸 행동을 한 것이고, 그런 사람은 못쓸 사람이 아니라 몹쓸 사람입니다.

나간 김에 조금 더 나가보면, '못쓰다'와 '못 쓰다'의 다른 점도 아셔야 합니다.

'못 쓰다'는 '쓰다'에 부정문을 만드는 어찌씨 '못'이 온 것으로, '냉장고를 못 쓰게 되었다/못 쓰는 물건은 버려라' 처럼, "사용하지 못하다"라는 뜻입니다.

정리하면, '몹쓸'은 "악독하고 고약한"이라는 뜻이고, '못쓰다'는 "얼굴이나 몸이 축나다"라는 뜻이며, '못 쓰다'는 "(물건을) 사용하지 못하다"라는 뜻입니다.

가르실 수 있죠?●

비를 멈춰주세요

하늘이시여! 비 좀 그만 내리게 해주십시오.

끊임없이 내리는 비에, 바자운 마음으로 힘없이 더그매만 쳐다보는 가년스럽고 떼꾼한 날피들이 보이지 않나요?
모두 각다분하게 사는 사람들인데, 이번 비로 방나고 말았습니다.
사그랑이 하나 남은 게 없습니다.
비나리치며 가살스럽고 강밭게 산 떼꾸러기 같은 우리를 비사치면 좋으련만.
서그럽고 늡늡하게 용서해달라고 하지는 않겠습니다.
이 순간 넘어가려고 엉너리 부리지도 않겠습니다.
다만, 묵새 사이로 집가심 흉내라도 내게 해주십시오.
조붓한 속창아리를 가진 인간이 잔밉겠지만, 스스로 치룽구니고 어리보기임을 알아 조라떨지 않을 테니, 이제는 비를 멈춰주십시오.

하늘이시여, 제발 비를 멈춰주세요.

◆ 보태기

여기에 쓴 낱말은 모두 국어사전에 올라 있는 낱말입니다. 고어가 아닙니다. 잘 살려 써야 할 아름다운 우리말이죠. 사전에서 낮잠 자는 이런 낱말은 우리가 부려 쓰기만을 기다리고 있습니다.

낱말 뜻풀이는 국립국어원 『표준국어대사전』을 주로 참고했습니다.

바잡다: 두렵고 염려스러워 조마조마하다
더그매: 지붕과 천장 사이의 빈 공간
가년스럽다: 보기에 가난하고 어려운 데가 있다
떼꾼하다: (몹시 지쳐서) 눈이 쑥 들어가고 생기가 없다
날피: 가난하고 허랑한 사람
각다분하다: 일을 해나가기가 힘들고 고되다
방나다: 집안의 재물이 모두 다 없어지다
사그랑이: 다 삭아서 못 쓰게 된 물건
비나리: 남의 환심을 사려고 아첨함
가살스럽다: 언행이 얄망궂고 되바라지다, 보기에 가량맞고 야살스러운 데가 있다
강밭다: 몹시 인색하고 야박하다
떼꾸러기: 늘 떼를 쓰는 버릇이 있는 사람
비사치다: 직설적으로 말하지 않고, 에둘러 말하여 은근히 깨우치다
서그럽다: 마음이 너그럽고 서글서글하다
늡늡하다: 성격이 너그럽고 활달하다
엉너리: 남의 환심을 사기 위하여 어벌쩡하게 서두르는 짓
목새: 물에 밀려 한 곳에 쌓인 보드라운 모래
집가심: 집을 깨끗하게 치우고 쓸어내는 일
조붓하다: 조금 좁은 듯하다
잔밉다: 몹시 얄밉다
치룽구니: 어리석어서 쓸모가 없는 사람을 낮잡아 이르는 말
어리보기: 얼뜨고 둔한 사람, 말이나 행동이 다부지지 못하고 어리석은 사람을 낮잡아 이르는 말
조라떨다: 일을 망치도록 경망스럽게 굴다

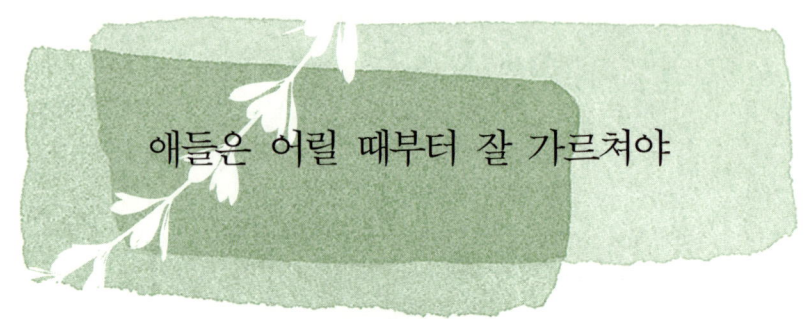

애들은 어릴 때부터 잘 가르쳐야

오늘 제 딸내미가 처음으로 유아원에 갔습니다.

애를 집에서만 키우니 고집만 세지고, 사회성이나 남들을 배려하는 마음이 전혀 없더군요. 그래서 유아원에 보내기로 했습니다.

애들은 어렸을 때부터 잘 가르쳐야 합니다.

힘없는 사람을 경시(輕視, けいし[게이시])하거나 깔보지 않고, 우리 주위에 있는 결식아동(缺食兒童, けっしょく-[겟쇼쿠-])이 아닌 굶는 아이를 챙길 줄 알도록 해야 합니다.

어른에게는 경어(敬語, けいご[게이고])를 쓸 필요 없이 존댓말이나 높임말을 쓰게 가르쳐야 합니다. 그래야 남과 나눌 줄 알고 내 것을 남에게 양도(讓渡, じょうと[조우토])가 아닌 넘겨주는 아름다운 마음을 배웁니다.

식상(食傷, しょくしょう[쇼쿠쇼우])한 게 아니라 싫증나는 컴퓨터 게임만 하게 두지 말고, 학원에서 태권도 시합(試合, しあい[시아이])이 아닌 겨루기를 하면서 커야 합니다.

가끔은 방화(邦畫, ほうが[호우가])가 아닌 국산 영화도 봐야 합니다.

부모님께 거짓말하면 금방 뽀록(襤褸-, ぼろ-〔보로-〕) 나는 게 아니라 들통 난다는 것을 알게 하고, 사춘기에 잠시 방황하는 것은 좋지만 가출(家出, いえで〔이에데〕)하면 안 되는 것을 알려줘야 합니다.

선생님들은 백묵(白墨, はくぼく〔하쿠보쿠〕) 들고 흑판(黑板, こくばん〔고쿠반〕)에 글 쓰시면서 가르치는 것도 중요하지만, 백묵이 아니라 분필이고, 흑판이 아니라 칠판으로 써야 하는 까닭도 알려주셔야 합니다. 그래야 선생님이 호출(呼び出し, よびだし〔요비다시〕)한 게 아니라 부르시면 바로 달려가는 착한 아이로 큽니다.

봄이 오면 꽃이 만개(滿開, まんかい〔만카이〕)한 게 아니라 활짝 핀 것입니다.
애들은 삽목(揷木, ←挿し木(さしき)〔사시키〕)하지 말고 꺾꽂이도 좀 하면서 흙 맛을 느껴야 합니다.
애들을 너무 귀하게 취급(取扱, ←取り扱い(とりあつかい)〔도리아쓰카이〕)하지 말고 흙 속에서 자연을 알게 해야 합니다. ❧

◆ 보태기

여기에 쓴 일본어투 말은 안타깝게도 대부분 우리나라 국어사전에 올라 있습니다. 또 그 말은 모두 국립국어원에서 바꿔서 쓰라고 다듬은 말입니다.
부족한 일본어 실력이지만, 일본어투 한자와 우리가 평소에 쓰는 말이 얼마나 비슷한지를 보이고자, 일본어 발음을 [ ] 안에 달아놨습니다. 어디까지나 저 나름대로 읽은 것이니 정확하지 않을 수 있습니다.

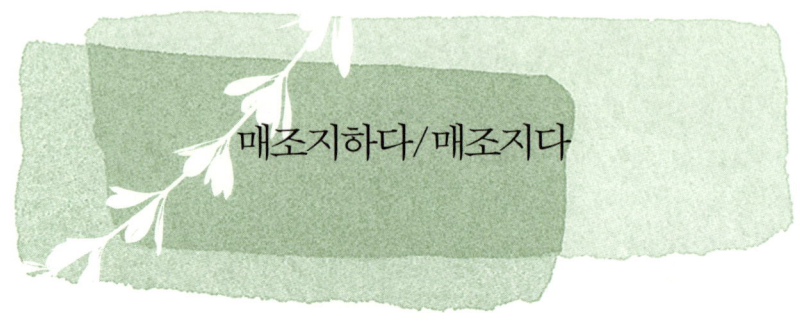

매조지하다/매조지다

이제 비가 그쳤네요.

힘없는 우리가 자연 앞에 감히 맞설 수 없기에 어쩔 수 없이 당하는 천재(天災)지만, 뒷정리와 마무리를 잘해 다음에는 이런 큰 피해가 없도록 잘 매조져야겠습니다.

오늘은 '매조지다'를 소개해드릴게요.

가끔은 들어보시고, 쓰시는 분도 계시는데요. 잘못 쓰시는 경우가 많습니다.

"일의 끝을 단단히 단속하여 마무리하다"라는 뜻의 낱말은 '매조지'라는 이름씨입니다.

이 낱말의 움직씨는 '매조지하다'가 아니라 '매조지다'죠.

따라서 '매조지니, 매조지어'처럼 활용하므로, '매조지하니, 매조지하여'로 쓰면 틀립니다.

이름씨 뒤에 '-하다'가 아닌 '-다'가 붙어 움직씨가 되는 꼴의 말은, 누비다, 빗다, 신다, 품다 따위가 있습니다.

　전국을 누비고 다녔다고 해야지, 전국을 누비하고 다녔다고 하면 말이 안 되잖아요.

　임을 품어야지, 품하면 안 되고, 머리를 빗고 나가야지, 머리를 빗하고 나가면 안 되겠죠?

　가끔 신문에 나는, "마무리 아무개를 등판시켜 경기를 매조지했다"나 "성공적으로 첫 등판을 매조지했다"라는 표현은 틀린 겁니다. '경기를 매조졌다, 등판을 매조졌다' 고 해야 맞습니다.

　'삼가다' 도 비슷한 경우입니다. 그 기본형이 '삼가하다' 가 아니라 '삼가다' 이므로, '담배를 삼가해주세요' 는 틀리고, '담배를 삼가주세요' 가 맞는다는 거, 이제는 확실히 아시죠?

　아무쪼록, 이번 피해를 잘 매조지어(움직씨 쓰임) 혹은 매조지(이름씨 쓰임)를 단단히 하여 아픈 사람들의 시름을 달래고, 다시는 이런 큰 피해가 없도록 대비를 잘 해야겠습니다.

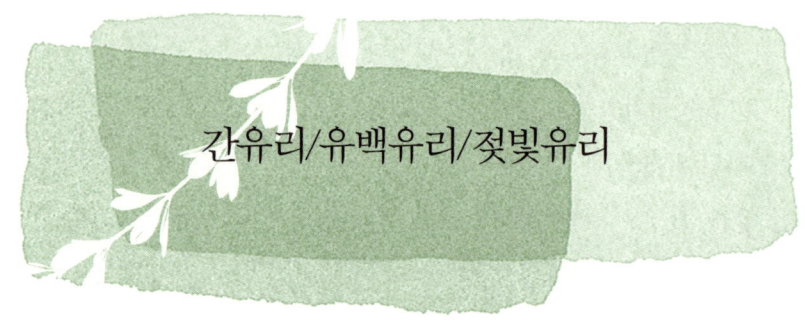

간유리/유백유리/젖빛유리

비가 너무 많이 내렸습니다.
이제는 더워진다죠?

저는 아파트에 사는데, 이번에 비 올 때, 오랜만에 아파트 유리창 청소를 했습니다.
평소에 물 뿌리면서 유리창을 청소하면 아래층 사람에게 피해를 줄 수 있지만, 비가 오는 날 청소하면 괜찮잖아요.

스펀지로 유리창 안팎을 몇 번 문질렀더니, '불투명 유리'가 '투명 유리'로 변하더군요.
그동안 어찌나 더러웠던지…….

오늘은 유리 이야기 좀 드릴게요.

밖에서 안이 잘 보이지 않도록 일부러 투명도를 낮춘 뿌연 유리를 뭐라고 하죠?

저는 초등학교 때 '간유리'라고 배웠습니다.

촌놈이 도시에 와서 언젠가 그 불투명 유리 이야기를 했더니, 그건 흰 젖 빛깔이라고 하여 '유백유리'나 '젖유리'가 맞다고 하더군요.

여러분은 뭐라고 하세요?

'유백유리'와 '젖빛유리'가 표준말입니다.

두 가지 다 투명도가 낮은 유리이긴 하지만, 같은 유리는 아닙니다.

유백유리는 "불투명한 흰색의 유리"로, 유리 속에 굴절률이 서로 다른 물질의 미립자를 흩뿌려놓아 투명도를 떨어뜨린 것이고, 젖빛유리는 유리의 표면을 갈아 광택과 투명성을 없앤 것입니다.

이해를 돕자면…….

노래방 같은 곳에 가보면, 방 안이 잘 보이지 않도록 유리에 그림을 그려놓은 게 보입니다.

그게 바로 투명 유리를 금강사로 갈아 광택과 투명도를 없앤 젖빛유리입니다.

뭔지 아시겠죠? 근데 보기를 든 게 좀 거시기하네요.

오늘도 좋은 생각 많이 하시고, 행복한 꿈 많이 꾸시길 빕니다.

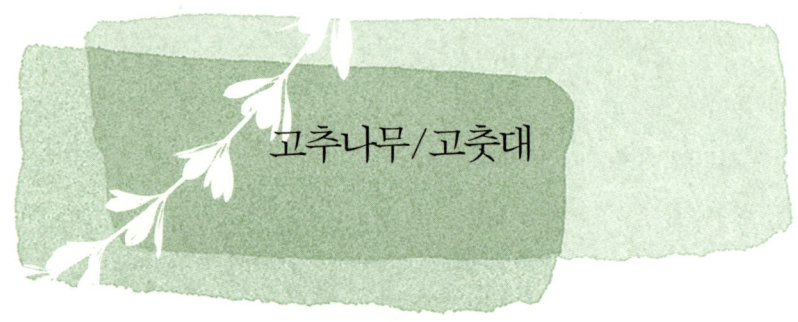

고추나무/고춧대

오늘도 아침부터 덥네요.

지난 주말에 이천에 있는 누나네 밭에 다녀왔습니다.
애 둘을 밭에 풀어놓으니, 물 만난 고기처럼 잘도 뛰어놀더군요. 그런 애들을 아파트 안에다만 가둬두었으니…….

오늘은 농업 상식을 좀 알려드릴게요.

고추가 어디에서 열리죠?
고추나무에서 열리겠죠?

아니요.
채소나 곡식은 나무라고 하지 않습니다. '대'라고 합니다.
따라서 고추가 열리는 줄기는 '고춧대'입니다.
옥수수가 열리는 옥수수의 줄기는 '옥숫대'이고, 수수가 열리는 수수의 줄기는 '수숫대'입니다. 이 수숫대는 수수깡이라고도 하죠.

또 수수깡에는 다른 뜻도 있습니다.
말린 수숫대나 옥수숫대의 속에 든 심을 말하기도 합니다.

문제 하나 낼게요.
푸른 고추는 익으면서 붉은색으로 변하는데요.
이제 막 딴, 아직 마르지 않은 붉은 고추를 뭐라고 하는지 아세요?

오전까지 정답을 저에게 알려주신 분에게 오늘 점심을 대접하겠습니다. 멀리는 못 가고요.

◆ 보태기
풋고추는 아닙니다. 풋고추는 "아직 익지 아니한 푸른 고추"를 말합니다.
오늘 문제는 이제 막 딴, 붉은 고추를 뜻하는 낱말을 묻는 겁니다.

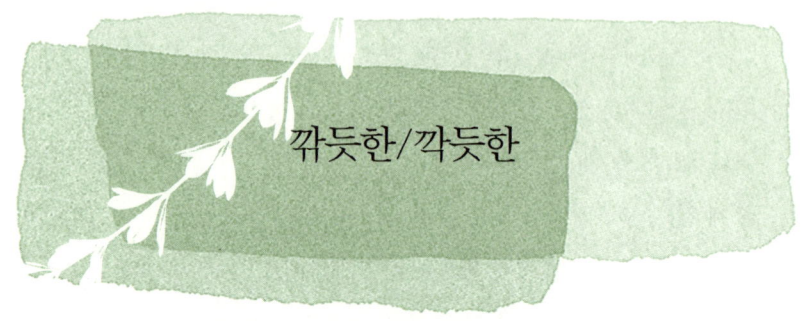

깎듯한/깍듯한

어제 문제(이제 막 딴, 아직 마르지 않은 붉은 고추를 이르는 말)를 맞히신 분이 딱 두 분 계셨습니다.
한 분은 서울 잠실에 계시는 분이고, 다른 한 분은 농촌진흥청에 계시는 분인데, 역시 다르죠? 어제 문제의 답은 '물고추'입니다.

풋고추는 "아직 익지 아니한 푸른 고추"로, 청고초(靑苦椒)라고도 합니다.
그 외, 홍고추, 건고추, 단고추는 모두 표준어가 아닙니다.

오늘 치 우리말 시작하죠.

저는 매주 금요일은 버스를 타고 출근합니다.
제 차 끝번호가 0이라서 금요일에는 차를 가지고 회사에 들어갈 수 없거든요.

아침에 버스를 기다리면서 정류장에 놓인 공짜 신문을 집어 들었는데, 눈에 확 들어오는 게 하나 있더군요.

"어린이는 어른에게 깎듯이 예의를 갖춰야 한다"라는 월인데, 뭐가 틀렸는지 금방 보이시나요?

"예의범절을 갖추는 태도가 분명하다"라는 뜻의 그림씨는 '깍듯하다'입니다. [깍뜨타다]로 발음하죠. '손님을 깍듯하게 대하다/어른을 대하는 예절이 깍듯하다' 처럼 씁니다.
중요한 것은 '깎'이 아니라, '깍'이라는 겁니다.

'ㄲ'과 'ㄱ'이 발음이 같아 착각하기 쉬운데요. '깍듯이'와 '깎듯이'는 전혀 다른 뜻입니다.

'깎듯이'는 "칼 따위로 물건의 가죽이나 표면을 얇게 벗겨내다"라는 뜻의 움직씨 '깎다'에서 온 말로, '사과를 깎듯이 밤을 깎는다/무 깎듯이 나무를 깎는다' 처럼 씁니다.
"예의범절을 갖추는 태도가 분명하다"라는 뜻과는 아무 상관없습니다.
만약, 어린이가 어른에게 '깎듯이' 예의를 갖춰야 한다면, 뭘 깎듯이 예의를 갖춰야 할까요?🌿

◆보태기
　　월[월:]: 한 문장(文章)을 뜻하는 우리말

물쿠다

아침부터 무척 덥네요.
다들 휴가는 다녀오셨나요?
저는 아직 못 갔습니다.
이 더운 날씨에 가족과 함께 밖에 나갈 엄두가 나질 않네요.

정말 엄청나게 덥군요.
텔레비전에서 이렇게 더운 날씨를 예보하면서, 찌는 듯한 무더위, 찜통더위, 불볕더위라는 말을 합니다.
바로 이런 때, '물쿠다'는 낱말을 소개하면 어떨까요?
"날씨가 찌는 듯이 덥다"라는 뜻의 순 우리말입니다.

일기예보를 하면서 방송하는 사람이, "이렇게 날씨가 물쿠고 무더울 때는 상대방을 배려하면서 생활해야 합니다"라고 말하고, 그 순간 화면 아래에, '물쿠다'는 "날씨가 찌는 듯이 덥다는 뜻의 순 우리말"이라는 자막이 나가면 얼마나 좋을까요?

만날 '찌는 듯한 무더위'나 '찜통더위'만 듣다가 '물쿠다'라는 낱말을 들으면 귀가 번쩍 뜨일 것 같은데…….
제 꿈이 너무 큰가요?

그나저나 저희 집에는 그 흔한 에어컨도 없는데, 선풍기 한 대로 이 여름을 어찌 보낼지 걱정입니다.

> **덤** | 복숭아뼈/복사뼈
>
> "발목 부근에 안팎으로 둥글게 나온 뼈"는 '복숭아뼈'일까요, '복사뼈'일까요?
>
> 언젠가 KBS 아침 뉴스 중 〈웰빙광장〉이라는 꼭지에서, 리포터가 족욕이 건강에 좋다면서 소개하기를, 족욕할 때는 꼭 발 복숭아뼈까지 물에 담가야 한다고 하더군요. 리포터의 말과 거의 동시에 화면에 나온 자막도, "복숭아뼈까지 담가야……"였습니다.
> 사람 몸에 뼈가 몇 개나 있는지는 모르지만, 분명한 것은 '복숭아뼈'라는 이름의 뼈는 없다는 사실입니다.
>
> "발목 부근에 안팎으로 둥글게 나온 뼈"는 '복숭아뼈'가 아니라, '복사뼈'입니다.

자리끼/밤잔물

오늘이 말복입니다. "복날마다 벼는 한 살씩 나이를 먹는다"라는 속담이 있습니다. 줄기마다 마디가 있는 벼는 복날마다 마디가 하나씩 늘어나는데 이것이 곧 벼의 나이를 나타내는 것이라고 본 거죠. 이 마디가 셋이 되어야만 비로소 이삭이 패게 됩니다. 오늘이 복날이니 이제 곧 벼에 이삭이 패겠죠?

진짜로 오늘 이야기 시작하겠습니다.

요즘 날씨 덥죠? 요즘처럼 더운 날씨에는, 땀을 많이 흘리게 되고, 그러다 보니 밤에 자다가 일어나 물을 찾게 됩니다. 바로 그런 물, "밤에 자다가 마시기 위하여 잠자리의 머리맡에 준비하여 두는 물"을 뜻하는 순 우리말이 있습니다.

바로 '자리끼'인데요. '자리'는 잠자리의 준말이고, '끼'는 끼니를 말합니다. 말 그대로, "잠자리에서 먹는 끼니"가 바로 '자리끼'입니다.

그리고 "밤을 지낸 자리끼"는 '밤잔물'이라고 합니다. 밤에 잠을 잔 물이니 '밤잔물'이 맞잖아요.

한 대접의 물일 뿐인 자리끼, 그렇지만 마시는 사람에게는 목마름을 씻어주는 자리끼. 저도 누군가의 목마름을 씻어줄, 시원한 자리끼 같은 사람이 되고 싶습니다. 제 꿈이 너무 큰가요?

덤 | 영어 이름 띄어쓰기

한글 이름을 쓰는 법뿐만 아니라 영어 이름을 쓰는 법도 알려달라는 분들이 꽤 계십니다.

국어 로마자 표기법 제4항에 보면, "인명은 성과 이름의 순서로 띄어 쓴다. 이름은 붙여 쓰는 것을 원칙으로 하되 음절 사이에 붙임표(-)를 쓰는 것을 허용한다"라고 되어 있습니다.

예를 들어, '민용하'라는 사람은 'Min Yongha'라고 써야 맞습니다. 굳이 'Yong-ha'라고 쓰실 필요는 없습니다.

다만, '민중앙'이라는 사람이 있다면 'Min Jungang'이라고 쓰는 게 맞는데, 이 경우 대부분의 외국인이 '민준강'이라고 읽게 됩니다. 바로 이런 경우에는 'Min Jung-ang'처럼 이름 사이에 붙임표를 넣을 수 있습니다.

성과 이름 사이에 쉼표(,)를 넣는 분이 계시는 데, 그건 넣지 않습니다. 마찬가지로 이름이 두 자인 경우에도 각각의 글자를 띄지 않습니다.

따라서 아래에 있는 보기는 다 틀린 겁니다.

'홍길동'이라는 사람의 이름을 로마자로 표기할 때는 'Hong Gildong'만 맞고, Hong Gil Dong/Hong, Gil Dong/Hong Gil-Dong/G. D. Hong/Gildong, Hong/Gil Dong, Hong 따위는 모두 틀립니다.

지금 자신의 명함을 한번 봐보세요.

'Hong Gildong'처럼 되어 있다면 대단하신 거고, 그렇지 않다면 다음에 명함 바꾸실 때 꼭 로마자 표기법을 따르세요.

서울특별시청 현판에 있는 비밀 (1)

저는 남들 놀 때 같이 놀고, 남들 일할 때 또 놀아서, 오늘 같은 휴일에도 나와서 일해야 하네요.

일하다 심심해서 문제 하나 낼게요.
정답을 맞히시면 월요일 점심 대접하겠습니다.
단, 가까이 계신 분만……

아래는 며칠 전에 서울시청 앞을 지나다 찍은 사진인데요.
'서울특별시청'이라고 씌어진 서울시 현판입니다.
이 현판에는 무슨 재밌는 비밀이 숨어 있을까요?

제가 내는 문제니까 당연히 한글이나 우리말과 관련이 있는 내용이겠죠?
무슨 비밀이 숨어 있을까요?

한 가지 귀띔해드리면, '서울특별시청'에서 '특' 자를 자세히 보세요.

258 : 성제훈의 우리말 편지

서울특별시청 현판에 있는 비밀 (2)

오늘은 지난 주말에 내드린 퀴즈의 정답을 말씀드릴게요.
제 용돈이 궁한 걸 아시고 아무도 못 맞히셨네요.
정답은 '서울특별시청'의 '특' 자에 있습니다.
여기까지 보시고 정답을 아시겠어요? 정답을 모르시면 계속하죠.
본래 현판에는 '특' 자의 'ㅌ'을 'ㄷ' 위에 가로줄을 하나 얹어놓은 것처럼 썼습니다. 곧, 왼쪽이 다 막힌 'ㅌ'이 아니라 'ㅌ'처럼 되어 있었죠.

한글 자모 'ㅌ'은 'ㄷ' 속에 가로줄이 있는 것처럼 왼쪽이 다 막혀야 합니다.
'ㄷ' 위에 가로줄 하나가 덜렁 놓여 있는 게 아닙니다.
처음 현판을 쓰신 분이 그걸 모르고 현판을 쓰신 거죠. 나중에 한글학자들이 이 문제를 지적하자 서울시에서 현판을 수정한 겁니다.
사진에서 동그라미로 표시된 부분을 보면 수정한 태가 희미하게나마 보이죠?
지금 옆에 연습장 있으면 '서울특별시청'을 한번 써보세요. 'ㅌ'을 습관적으로 어떻게 쓰시는지……

우리말 편지를 받다 보니, 별 시답잖은 이야기까지 들어보시죠?

애독자들의 말

쉽고 재미있고 친절하고 유익한 우리말 길잡이

올해 추석 연휴에 MBC에서 〈한글, 달빛 위를 걷다〉라는 프로그램을 본 적이 있습니다. 한글 자체의 우수성만을 살펴보던 기존 프로그램과는 달리 예술적인 측면에서 한글이 지닌 매력을 다루었는데, 한국 디자이너가 자신이 만든 옷에 한글을 새겨 넣어 파리 패션쇼에서 좋은 반응을 얻어낸 내용이었습니다. 그 모습을 보고 한글이 단지 언어적인 수단이 아닌 디자인으로서도 뛰어난 예술성과 독창성이 있다는 것이 무척 자랑스러웠습니다. 하지만 한편으로는 한글이 새로운 영역에서 그 가치를 인정받는 동안, 저는 그렇게 우수한 우리의 말과 글을 제대로 쓰고 있는지 의문이 들었습니다. 아마 이 책을 다 읽게 될 즈음, '한국인이니까 한국말도 당연히 잘하겠지'라는 생각은 착각이었음을 깨닫게 될지도 모릅니다. 일상생활에서 쓰는 대화에도 잘못된 우리말이 얼마나 많은지 새삼 느끼게 해주는 이 책이야말로 우리에게 없어서는 안 될 생활필수품이 아닐까요?

_ 최승희(통·번역사)

다른 책도 아니고 우리말 편지 책에 소감을 쓰려니 떨립니다. 제가 쓰는 낱말이 적절한 것인지, 맞춤법은 맞는지 염려가 되기 때문입니다. 그래도 이렇게 글을 쓰는 것은 아침마다 맑은 이슬처럼 싱그러움을 전하는 우리말 편지가 무척 좋아서입니다. 날마다 누리편지를 열면서 오늘은 어떤 우리말을 배우게 될지 기대가 됩니다. 그리고 글을 읽어가면서 행복해집니다. 저는 목사여서 특히 설교를 준비하는 데 많은 도움을 받습니다. 늘 바른 낱말과 표현을 쓰고

자 노력하고 있습니다. 성 박사님, 앞으로도 좋은 우리말 많이 가르쳐주셔서 대한민국 사람 모두가 우리말을 바르게 쓰는 날이 올 수 있도록 어떤 어려움이 닥쳐도 힘을 내시기를 바랍니다. 글을 읽을 때마다 진정한 마음으로 응원하고 있습니다.

_ 송이근(정읍중앙교회 선교담당 목사)

7년 동안 외국생활을 하다 돌아온 터라 그간 많이 생겨난 여러 가지 신종언어 때문에 어려움을 느끼던 참에, 주위에서 일어나는 평범한 일들을 아주 자연스럽게 우리말로 정확하게 표현하는 '우리말123'을 알게 되었습니다. '우리말123'이 앞으로도 계속 이어져 급변하고 각박해지는 이 시대에 우리의 아름다운 언어문화가 손상되지 않도록 파수꾼의 역할을 부탁합니다.

_ 김진성(대학강사)

한글은 11,172자로 모든 발음을 거의 정확하게 적을 수 있는 데 비해 중국어나 일본어로 외국어 발음을 표기한 걸 보면 한글이 얼마나 훌륭한지 새삼 알 수 있습니다. 그리고 UN에서 아프리카의 문자가 없는 나라에 한글을 문자로 보급한답니다.

또한 컴퓨터의 자판은 본래가 영어의 알파벳에 맞게 고안된 것이지만 우리의 한글은 여기에서도 진가를 발휘합니다. 기자회견장에서 다다닥 다다닥 빠른 속도로 자판을 두드리며 원고를 작성하는 한국의 기자들을 보는 중국이나 일본사람들이 혀를 내두르며 놀라고 부러워한답니다.

우리 민족의 한글은 현재 한국어, 북한어, 조선족어, 네티즌어 이렇게 넷으로 갈려 있다고 생각합니다. 역사적인 문제와 인터넷의 급속한 전파 속도 때문에 발음은 같되 의미는 다른 낱말이 존재하고 엄청난 신조어가 출현하고 있습니다.

'우리말123'은 국어학자도 국문학자도 아닌 평범한 보통사람이 실생활에서 우리가 흔히 잘못 알고 있고 습관적으로 잘못 쓰는 말들을 잘 지적해주는 고마운 누리편지입니다.

_ 복진택(중국 거주, 원일교역 대표)

'우리말123'을 받아보는 기쁨이란 마치 날마다 새벽 문을 열고 나설 때 코

끝에서 느껴지는 새벽공기의 신선함과 같고 손끝에서 느껴지는 신문의 묵중한 느낌에 맞먹는 기대감입니다. 오늘은 어떤 내용일까? 하는 기대감은 자연스레 제목부터 먼저 찾게 합니다. 특히 일상에서 일본말 찌꺼기인지도 모르고 그냥 넘기기 쉬운 말들을 하나씩 짚어주는 것이 참 많은 도움이 됩니다. 평소에 헷갈리기 쉬운 말들을 대조시키면서 예문을 들어 쉽게 설명할 때는 고맙다는 인사말이 절로 나옵니다. 자신의 일상적인 이야기와 가족 이야기를 숨기지 않고 적절하게 드러내면서 설명할 때는 또 다른 재미가 넘쳐납니다. 더욱 많은 사람이 우리말에 대해 하나씩 알아가는 유익함과 재미를 나눌 수 있도록 책으로 나온다고 하니 박수가 절로 나옵니다. 진즉에 책으로 나왔어야 했다고 손뼉 치며 응원하고 싶습니다.

_ 조은화(주부)

'우리말 편지'의 내용은 너무나도 배울 게 많습니다. 물론 늘 쓰면서도 잘 틀릴 수 있는 말들을 지적해주시는 것도 참 좋지만 우리가 평소에 들어보지도 못한 아름다운 말들을 새로 배우는 재미도 쏠쏠합니다. 이런 글들을 모아 책으로 엮어 더 많은 분에게 알렸으면 좋겠다는 생각을 여러 번 하고 있었는데 이렇게 책으로 나오게 되니 아주 기쁩니다.

우리말을 사랑하는 많은 분도 이 책을 무척 좋아하시리라 생각하며, 그동안의 모든 수고가 열매를 맺는 이 책을 가슴에 안고 기뻐하실 성 선생님의 해맑은 모습을 상상해봅니다. 그리고 '우리말 편지'에 가끔 등장하는 어머님도 건강하시고 오래오래 아드님의 곁에서 힘이 되어주시기를 바랍니다.

_ 정효숙(한지그림 강사)

날마다 아침에 '우리말 편지'를 열어보는 것이 일과가 되었습니다. 일상생활에서 겪는 일 위주로 우리말을 소개해주셔서 재밌고, 잘 배우고 있습니다. 영어가 우리말보다 중요시되는 게 요즘 현실입니다. 세종대왕님이 서운해하시겠어요. 우리의 말과 글이 있다는 것이 얼마나 중요하고 소중한 일인지 다들 잘 알았으면 좋겠습니다. 그리고 아름다운 우리말을 제대로 알고 바르게 썼으면 좋겠고요. 그런 뜻에서 '우리말 편지'가 책으로 나온다니 참 기쁩니다. 다들 우리말 잘 배워보아요.

_ 김정우(항공우주추진연소연구실 연구원)

날마다 배달되는 '우리말 편지'를 읽으면서 정말 고맙게 생각하고 있으며, 우리말 공부를 열심히 하고 있습니다. 우리말을 잘 안다는 것은 참 어렵습니다. 일전에 우리 청소년들의 국어 시험성적이 영어 시험성적에 비해 떨어진다는 뉴스를 보고 충격을 받았습니다. 그간의 '우리말 편지' 내용을 모아 책으로 낸다고 하니 기쁜 마음입니다. 책이 나오면 바로 사서 우리 아이들에게 선물하고 싶습니다.

_ 주봉(한국통신산업개발(주) 임원)

그동안 보내주신 글 하나도 빠뜨리지 않고 모았다가 편집해서 아이들에게 나눠주려고 했는데 책으로 나온다니 수고를 덜었네요. 날마다 보내주신 글 읽으면서 우리글에 대한 소중함을 다시금 생각하게 되었다고나 할까요? 우리글의 정체성을 잃어가는 요즘 소중하게 잘 읽고 있습니다.

_ 김민규(서울시 중랑구청 공무원)

글을 써보고 싶은 문학의 꿈을 가진 저는 평소 남들보다 우리말에 대한 정확한 개념 형성이 중요하다고 생각하는 편입니다. 그래서 직장 다니시랴 농사지으시랴 바쁘실 텐데도 젊음과 부지런함을 바탕으로 열과 성을 다하여 날마다 하루도 거르지 않고 보내주시는 성제훈 님의 우리말에 대한 올바른 해석과 쓰임새에 관한 편지를 보면서 공부하고 있습니다. 우리말 공부만 하는 줄 알았는데 사회복지공동모금회에도 일조를 한다니 이 어찌 풍요로운 결실이라 하지 않을 수 있겠습니까? 간접으로나마 참여할 수 있게 된 것을 영광스럽게 생각합니다. 앞으로도 우리말을 연구하시는 성제훈 님이나 공부하시는 회원님들이 힘을 모은다면 우리말도 더욱 빛나고 사회복지도 한층 더 윤택해질 것이라 믿어 의심치 않습니다. '우리말123'이 더욱 발전하기를 진심으로 기원합니다.

_ 이영선(주부)

'우리말 편지'를 접한 지 벌써 1년이 넘었습니다. 우리가 우리말을 하면서 살아가지만 알고도 잘못 쓰고 몰라서도 잘못 쓰는 것보다는, 몰라서 못 쓰고 잘못 쓰는 경우가 더 많다고 생각합니다. 그런데 '우리말 편지'를 받으며 많이 배우기도 하고 적절하게 쓰는 방법도 터득해서 요즘은 저 나름대로 꽤 잘 쓰고 있다고 자부합니다. 이렇게 좋은 내용을 엮어서 책으로 내신다니 진심으로 축하드립니다. 이 책으로 우리 국민이 모두 우리말을 제대로 쓰는 세계 유일의 민족이 되었으면 좋겠습니다.

_ 조종하(양천구 의사회장)

우리가 평소에 무의식적으로 소리 나는 대로 쓰거나 아님 아예 생각 없이 잊고 지내거나 하여 서서히 달리 쓰고 있는 우리말을 알기 쉽게 보기를 들어 알려주시니 고맙기 그지없습니다. 우리글 우리말을 우리가 올바르게 쓰지 않으면 누가 쓰겠습니까? 아름답고 고운 우리 선조의 지혜와 생활이 담겨 있는 우리말. 소중히 가꾸고 보듬어갈 수 있기에 흡족합니다. 더욱 많은 이들이 이 뜻을 기리고 다듬어나가면 좋겠습니다.

_ 이필선(현대백화점 팀장)

'우리말 편지'를 받으면서 부끄럽다는 생각을 많이 했습니다. '내가 이렇게 우리말을 모르다니!' 저 나름으로는, 문과를 나왔으니 이과를 나온 사람보다는 글 쓰는 게 좀 나을 줄 알았습니다. 하지만 그것은 저만의 생각이었습니다. 이제까지 저는 다른 나라의 문법과 낱말을 외우느라 많은 시간을 쏟아 부었습니다. 정작 내 나라의 말은 어떻게 이루어졌는지 관심이 없었습니다. 그러나 요즘은 '우리말123' 덕분에 다른 나라 언어 사전보다 우리말 사전을 더 자주 찾습니다.

'우리말 편지'는 일상에서 소재를 얻어 쓰는 글이라서 그런지, 날마다 어떤 이야기를 가지고 우리말을 소개할지 궁금해서 자꾸 컴퓨터 앞에 앉아 있게 됩니다. 사람을 끄는 신비한 마력이 있는 '우리말 편지'가 앞으로도 꾸준히 이어지고 더욱 많은 사람들의 사랑을 받게 되길 바랍니다.

_ 조현아(대학강사)